AF325822

Soûtra
du Filet de Brahmâ

Trésors du bouddhisme

Collection dirigée par Patrick Carré

DÉJÀ PARUS

*Soûtra de la Liberté inconcevable :
Les enseignements de Vimalakîrti*

*Soûtra du Diamant
et autres soûtras de la Voie médiane*

Buddhaghosa
*Visuddhimagga,
le Chemin de la Pureté*

Mipham
*L'Opalescent Joyau
Nor-bu ke-ta-ka*

Sengzhao
*Introduction aux pratiques
de la non-dualité,
Commentaire du « Soûtra
de la Liberté inconcevable »*

Soûtra des Dix Terres

Soûtra
du Filet de Brahmâ

Fànwǎngjīng

Traduit du chinois,
présenté et annoté
par Patrick Carré

Fayard

Introduction :
Permanence, félicité,
substantialité et pureté
de notre essence

Le *Soûtra du Filet de Brahmâ* est, dans le bouddhisme sino-japonais [1], *le* «discours» de référence pour ce qui touche à la discipline des adeptes du Grand Véhicule, les *bodhisattvas* religieux et laïcs, humains et non humains [2]. C'est un *manuel* où sont consignées la théorie et la pratique de l'esprit d'Éveil (ssk *bodhicitta*, chn *pûtíxin*) [3]. Dans la préface de la traduction chinoise de son maître Kumârajîva, Sengzhao déclare que ce texte est «le mystérieux principe de toutes choses et l'absolu condensé de tous les soûtras [4]». Cet «absolu condensé», précise le grand moine, montre aux êtres qui ont réalisé la vacuité du

---

1. Dans le bouddhisme tibétain, par exemple, qui est essentiellement tantrique, le *Filet de Brahmâ* est inconnu et n'apparaît même pas dans le catalogue du *Kangyur*. Au Tibet, les préceptes de l'esprit d'Éveil se transmettent selon deux lignées, et plutôt par les shâstras que par les soûtras ou les tantras, essentiellement *La Marche vers l'Éveil* (*Bodhicaryâvatâra*) de Shântideva pour la tradition de la Voie médiane (*mâdhyamika*) et les *Terres des bodhisattvas* (*Bodhisattvabhûmi*) d'Asanga pour la tradition «idéaliste» (*cittamâtra* ou *yogâcara*). *Cf.* Gampopa, p. 144 *sq.*

2. «Non humains» puisque les dieux et les esprits qui le veulent peuvent engendrer et cultiver l'esprit d'Éveil. Ce qui serait impossible pour les vœux monastiques.

3. *Cf.* Sengzhao, p. 56, n. 1. Le lecteur est invité à consulter l'Index général de cet ouvrage pour toutes les catégories numériques et les concepts qui n'auraient pas été explicités ici.

4. T 1484, vol. 24, p. 997a. Sur Kumârajîva et Sengzhao, *cf.* Sengzhao, p. 10-14.

7

réel comment ils peuvent illuminer les autres – les « instruire et les transformer » –, et il offre à l'adepte moins accompli une voie graduelle où il est sûr de progresser. Ce texte est une boussole qui permet au pratiquant de prendre dans le bon sens toutes les instructions expédientes dispensées par « ceux qui viennent de l'ainsité[1] », autrement dit de décoder la véritable intention des bouddhas.

En effet, à la différence de maints autres textes décisifs du Grand Véhicule, qui n'ont *en fait* d'autre thème que la théorie et la pratique de l'esprit d'Éveil, celui-ci est bref, sinon succinct, voire elliptique par moments, même s'il reste bien composé et idéalement complet. Tous les thèmes du Grand Véhicule y sont abordés et plus ou moins développés, qui illustrent l'idée que la grandeur d'âme vient autant de la compassion intelligente et active que de la connaissance de la vacuité, et que la discipline, qui se traduit, et même se matérialise, dans des préceptes qui se transmettent et se reçoivent, se préservent et se réparent, est le plus puissant soutien de l'individu qui aspire à l'unité de la concentration et de la sagesse pour mieux servir le monde[2].

Il ne faut pas confondre ce texte avec son homonyme, le célèbre *Sutta du Filet de Brahmâ*, déjà traduit en français[3], où le Bouddha réfute les « soixante-deux vues » en vigueur à son

---

1. L'ainsité (ssk *tathatâ*) est un autre nom du réel ou de la grande vacuité. En « venir », c'est l'avoir « réalisée » et la montrer à ceux qui sont mûrs pour la voir : œuvre des *tathâgatas*.

2. Cette unité du *samâdhi* et de la *prajñâ* est l'un des chevaux de bataille de Huineng, le sixième « patriarche » du chan/zen. *Cf.* Fâhâi, p. 165 *sq.* Quant à la « matérialité » des préceptes qui se donnent, se reçoivent, etc., il faut savoir que pour les bouddhistes « réalistes », un précepte est une « forme » (ssk *rûpa*, chn *sè*) dépourvue d'apparence, un « objet » immatériel au même titre que l'« obtention » (*prâpti*, *dé*) et la « non-obtention » (*aprâpti*, *bùdé*). Pour les adeptes du Grand Véhicule, les préceptes ne pouvant relever ni de la matière ni de l'esprit – en effet, les préceptes ne « pensent » pas plus qu'ils n'ont de masse, de forme ou de couleur –, ils appartiennent aux manifestations du pouvoir créatif de la claire lumière, comme nous n'allons pas tarder à le voir.

3. Par Bloch, Filliozat et Renou en 1949. *Cf.* Bibliographie.

époque sur le monde et le moi, l'annihilation et l'éternité, comme autant d'extrêmes qui éloignent de la voie de la libération. Notre texte n'est d'ailleurs pas le *Soûtra du Filet de Brahmâ* dans son intégrité, mais son dixième chapitre seulement. D'après Sengzhao, le soûtra tout entier, qui se trouvait en possession de Kumârajîva, se composait de soixante et un chapitres dont la traduction chinoise n'occuperait pas moins de cent vingt rouleaux[1]. Chaque paragraphe de ce texte en deux livres se veut un résumé de tel ou tel chapitre du *Filet de Brahmâ* : voilà qui prouve au moins que les grandes choses peuvent s'énoncer brièvement aussi.

Je parle de « prouver » parce que pour certains chercheurs ce soûtra est un apocryphe, aussi célèbre en tant que tel que le traité de la *Naissance de la Foi dans le Grand Véhicule*, le *Soûtra de la Marche Héroïque* ou le *Soûtra de l'Éveil Parfait*[2]. Cela expliquerait la facture par trop chinoise du texte, son goût de la « piété filiale », des « six liens de parenté », de la « calligraphie avec son propre sang[3] », et certaines précisions ou confusions « techniques » impossibles à traduire du sanskrit, autrement dit, qui n'ont pu être écrites qu'en chinois[4]. Pour les sceptiques, le texte émanerait de Kumârajîva ou de son équipe de moines lettrés, et il aurait une importante fonction politique : imposer le Grand Véhicule au royaume et tempérer, sinon excuser, la violence militaire des principaux donateurs du bouddhisme à Chang'an en ce début du Ve siècle, le roi Yao Xing et sa famille – qui tous étaient généraux et mystiques. Dans sa Préface, Sengzhao parle du prince de Qin comme d'un guerrier reli-

---

1. Soit deux rouleaux (chn *juán*) par chapitre, quelque chose comme six ou sept mille de nos « feuillets ». *Cf.* Préface, *ibid.*

2. Respectivement le *Shraddhotpâda* (chn *Qîxìnlùn*), shâstra attribué à Ashvaghosha, le *Shûramgama* (*Shôulêngyán*) et le *Yuánjuéjing*, deux soûtras fort prisés tant des adeptes du chan/zen que des tantriques.

3. Qui sont des valeurs chinoises, certes, mais quelles autres civilisations les ignoreraient-elles ? Certainement pas l'indienne.

4. *Cf. inf.*, p. 63, n. 1, chn *shìjiàn-jiêtuò* pour ce qui ne peut se traduire que par *shìjiàn-jiê*, par exemple.

gieux qui unit l'action la plus héroïque à la plus haute paix de l'esprit[1].

Toujours est-il que, en l'an 402 de notre ère, Kumârajîva traduit oralement le soûtra devant la famille royale et une assemblée de trois mille moines représentant une cinquantaine d'écoles ; puis il se concentre sur le chapitre X, qui fait l'objet de la présente traduction, et en transmet les préceptes à trois cents personnes, à commencer par de grands moines comme Daorong et Daoying. Quatre-vingt-une copies du soûtra sont immédiatement exécutées et ses idées se propagent à grande vitesse, « afin, conclut Sengzhao, que ceux que l'Éveil inspire aient des traces à suivre pour rejoindre l'absolu[2] ».

Ce chapitre X, « où le bouddha Vairochana enseigne les (préceptes des) terres de l'esprit des bodhisattvas », présente l'autre particularité intéressante d'émaner non du bouddha Shâkyamuni mais du bouddha Vairochana qui, expliquent les commentaires, est le « véritable bouddha Shâkyamuni » puisqu'il en est le « corps absolu » alors que Shâkyamuni n'est qu'un sublime corps d'apparition. *Vairochana*, « Soleil Resplendissant », n'est pas une autre épithète du Bouddha, mais le plus « cosmique » des bouddhas comme l'exprime, par exemple, le fait qu'il trône au centre de tous les mandalas des tantras du Yoga sans supérieur[3]. Ici, le « soleil » rayonne au cœur de son champ pur, l'« océan de mondes Trésor de la Terrasse du Lotus », et il enseigne les préceptes, non du corps et de la parole, mais des « terres de l'esprit » ; et ces préceptes, il ne les édicte pas comme autant de lois mais énonce leur clarté en

---

1. Le royal commanditaire et patron de cette traduction est donc le roi des Qin Postérieurs, Yao Xing, dont Sengzhao aime à vanter les qualités universelles – à moins que ce ne soit qu'échange de bons procédés. Littéralement : « … le prince de Qin est un être dont la conscience a atteint le centre de l'orbe et l'esprit fixé la multiplicité des apparences. Sa majesté ourle les quatre mers mais il lave ses idées dans le mystère du vide. Son vent soumet les huit déserts cependant qu'il calme sa pensée hors de la poussière… » Préface, *ibid.*

2. Préface, *ibid.*, ainsi que toutes les précisions qui précèdent.

3. *Cf.*, par exemple, le *Livre des morts tibétain*.

quarante points qui devraient «tout» dire de la théorie et de la pratique de l'esprit d'Éveil, l'esprit des bouddhas et des bodhisattvas. Les règles elles-mêmes, le corps absolu Vairochana laissera le soin à ses corps d'apparition, des Shâkyamunis par milliards œuvrant dans des milliards de mondes, de les «réciter» aux hommes et aux dieux de leurs «champs de conversion» respectifs.

Il est un autre soûtra qui a pour centre l'omniprésent Vairochana et son monde, l'omniprésent Trésor du Lotus : l'*Ornementation Fleurie*, cette immense collection de textes dont Kumârajîva traduisit un livre, les *Dix Terres*[1], et qui a pour idée centrale la compénétration de l'absolu et du relatif, l'idée tantrique de l'infinie pureté du monde phénoménal parfaitement incarnée en Vairochana[2]. On peut se demander lequel de ces deux soûtras a inspiré l'autre. Je pense, pour ma part et pour des raisons chronologiques, que le *Filet* est non seulement antérieur à l'*Ornementation*, mais qu'il est, comme les *Dix Terres*, l'un des textes germes de la grande collection, s'il n'est pas tout bonnement une première notation des catégories visionnaires et sapientiales du *Soûtra des Dix Terres*.

Les quarante points du discours de Vairochana décrivent dix «décisions», dix «consciences nourricières», dix «consciences (ou graines) de diamant» et dix «terres». Les trois premières dizaines déclinent en autant de points les qualités et les expériences spirituelles du bodhisattva qui n'a pas encore atteint les terres sublimes, même si le plus souvent la «vacuité de la vacuité» balaie toute logique classificatoire. La dernière dizaine est consacrée aux dix terres qui décrivent la progression, les

---

1. Sur l'*Ornementation Fleurie* (ssk *Avatamsaka*, chn *Huáyán*), *cf. inf*, p. 65, n. 49. On trouvera une présentation de ce grand cycle de textes dans Suzuki. Sur les «dix terres», *cf. Soûtra des Dix Terres*.

2. Le bouddha Vairochana incarne de même la «dimension absolue» (*dharmadhâtu, fǎjiè*), l'état naturel de l'esprit et la «conscience spontanée» (*svasamveda, wúxin*, etc.), qui sont autant d'autres noms de l'ainsité, de l'essence du réel et de la sagesse primordiale qui toujours connaît directement la vacuité de toutes choses.

extases et les œuvres des bodhisattvas qui ont «vu la vérité[1]» et l'approfondissent sur la «voie de la méditation» jusqu'à la bouddhéité, au «terme» de la dixième terre.

Les dix terres du *Filet de Brahmâ* ressemblent beaucoup aux dix terres de l'*Ornementation Fleurie* qui pourraient en être une mise en forme plus pointue, plus systématique. Dans les deux textes, le point essentiel est respecté, à savoir que, à partir de la huitième terre, la pratique est spontanée[2]. Ce qui n'empêche que, dès la première terre, le lecteur ordinaire est convié à ne pas pouvoir se représenter ce que signifient, dans l'un comme dans l'autre texte, toutes ces extases de claire lumière et de vacuité. Serait-ce, déclinée à l'infini – voire jusqu'au vertige pour le chercheur perplexe –, une illustration de l'inconcevable?

«Claire lumière» et «vacuité» veulent dire ceci : l'accès au réel est indescriptible autrement qu'en le disant «vide», totalement au-delà de l'être et du devenir, mais comme ce vide est en même temps «connu», non en tant que l'objet d'un sujet, mais dans l'omniscience et l'omniprésence de la sagesse primordiale, laquelle est une «conscience spontanée» qui se connaît elle-même et se reconnaît «permanente, heureuse, substantielle et pure[3]».

Mais comment quelque chose de vide, d'inexistant, d'irréel,

---

1. «Voir la vérité», c'est toute la «voie de la vision» des bodhisattvas, un instant de sagesse qui manifeste le vrai sens de la vacuité. Jusque-là, le bodhisattva n'avait eu que des «expériences» de la vacuité, en aucun cas la réalisation authentique de son essence (*satori* en japonais). Mais voici que la voie de la vision l'emporte sur la première terre. Il devient alors un «être sublime» et s'engage dans la «voie de la méditation» qui culmine, au terme de la dixième terre avec le Recueillement Adamantin, dans la bouddhéité authentique et parfaite.

2. Jusque-là, le bodhisattva ajoutait l'effort à l'effort avec une inépuisable diligence. À partir de la huitième terre, ses activités sont d'une ampleur et d'une qualité tellement inconcevables qu'elles ne relèvent plus de la volonté mais de la spontanéité de la sagesse.

3. Les quatre syllabes chinoises *cháng, lè, wô* et *jìng* qui signifient littéralement «toujours», «plaisir», «moi» et «pur», chantent l'expérience de l'absolu aussi bien que les trois mots brahmaniques *sac-cid-ânanda*, «être-conscience-félicité», mais elles n'en partagent pas l'*existence réelle*. La bouddhéité ou «nature de bouddha» n'est pas un objet de connaissance ni un état de l'être, ni même une merveille de

demandera-t-on, peut-il être doté de ces quatre qualités ? D'abord parce qu'il ne s'agit pas de « quelque chose » qui serait vide, permanent, et ainsi de suite : c'est l'habitude essentialiste qui exige que les qualités ou attributs aient un point d'appui, en l'occurrence un substrat, par exemple que la forme ait une matière et l'esprit un cerveau. Les bodhisattvas, qui sont des adeptes convaincus de la pureté primordiale du réel, voient que, même dépourvue de fond, l'expérience *advient* – et que cela suffit. La permanence, la félicité, la substantialité et la pureté de l'apparence réelle ou de l'expérience absolue de la vie ne contredisent pas sa vacuité dont la substance, justement et inconcevablement, dépasse toutes les variétés possibles d'êtres, de devenirs et de néants. Que le lecteur ne s'y trompe pas ! La permanence de l'apparence réelle n'est pas la durée plus ou moins longue de n'importe quel objet conditionné : elle désigne plutôt le caractère immuable de l'état naturel où l'apparence et la vacuité sont inséparables. Chaque instant d'apparence est une manifestation du pouvoir créatif de la vacuité, et celle-ci donne un nom à l'acte même de ne pas trouver de référent réel à quelque mot ou à quelque silence que ce soit : en vacuité, comme en ainsité, l'acte et ses effets ont lieu dans les dimensions locales tandis que leur totale liberté, leur essence absolument ouverte n'offre rien à quoi se raccrocher.

La félicité, visage originel de la souffrance, est une autre qualité de notre nature de bouddha – car nous sommes tous des incarnations de l'insurpassable Éveil authentique et parfait[1]. Les trois champs de souffrance que constituent la douleur, la transformation et le fait que tout a un commencement, un

subtilité, et ainsi de suite – mais il faut bien en parler : alors comment l'appeler autrement que « Dieu » ou « absence de Dieu », etc. ? Les quatre attributs hyperpositifs de la nature de bouddha, l'essence véritable de tous les êtres animés, désignent quelque chose d'absolument autre que ce que le texte appelle les « huit perversions ». *Cf. inf.*, p. 27, n. 2.

1. La preuve que notre essence bouddhique est déjà parfaitement éveillée fait l'objet de textes essentiels comme le *Soûtra de la Grande Extinction Ultime* (*Mahâparinirvâna*) ou le *Soûtra de l'Entrée à Lanka* (*Lankâvatâra*), ainsi que de shâstras

milieu et une fin ne sont pas des réalités réelles. La bouddhéité, qui seule ne ment pas, est le seul état entièrement libre de souffrance, même si l'expérience de cette dernière reste une habitude hallucinatoire immémoriale –, et cet état est le seul possible, sa vérité la seule qui soit possiblement durable puisque, il faut se le rappeler, son vide n'est pas le vide nihiliste du Petit Véhicule[1] mais la récognition ininterrompue du vide de l'apparence en tant qu'elle apparaît et en tant qu'elle ne pourrait pas apparaître si elle n'était pas vide, si elle n'était pas insubstantielle. Voilà précisément la *substantialité* de notre état naturel : permanente – mais pas éternelle – et heureuse – mais pas seulement dans le plaisir –, l'essence de l'être animé est réelle et vraie parce qu'elle est «par soi» et que ce par-soi la place au-delà de l'être[2] : la bouddhéité n'est pas un mensonge, un rêve de prisonnier ou de fou, un rêve délirant de prisonnier fou. La connaissance de son intime essence est la seule réalité possible pour l'homme et, que nous le sachions ou non, c'est précisément de cette essence inconcevable que nous sommes, ici et maintenant, en train de «faire l'expérience» : nous sommes, à chaque instant, en train de vivre la «vraie vie».

Permanente, heureuse et substantielle, la vraie vie est pure. Pas forcément propre mais pure. Alors comment, crie-t-on du fond de l'abîme, se purifier sans souffrir plus ? Car nous savons

comme le *Continuum insurpassable* (*Anuttaratanra*) d'Asanga. La thèse, considérée comme acquise, n'est pas discutée dans le *Filet de Brahmâ* pour lequel cette essence est la cause et la condition nécessaire de l'Éveil, alors que les préceptes expriment certains canaux éthiques de la compassion-luminosité en codifiant les meilleures conditions du bien, lequel consiste ultimement à devenir bouddha pour amener tous les êtres à la bouddhéité.

1. En refusant la vacuité générale, les sages du Petit Véhicule placent le moi dans le néant du non-être puisqu'ils refusent d'arracher ses possessions (c'est-à-dire «toutes choses») au devenir de l'être. Pour les bouddhas et les bodhisattvas, moi et irréalité du moi ne valent pas mieux que choses et inexistence des choses : ces catégories sont non seulement de pures désignations conventionnelles mais aussi des erreurs et, partant, des causes de souffrance : ces apparences vides, les bouddhas et les bodhisattvas les traversent sans les emporter.

2. Elle est «cause de soi» et «substance» au sens spinozien. *Cf. L'Éthique.*

tous que l'ascèse est le jardin de tous les désagréments… Jamais née, la pureté est déjà là et elle ne cessera jamais : comment serait-il possible de l'atteindre ? Et, surtout, de quelle souillure en tant que telle faut-il se purifier ? Jamais née, la souillure n'exige pas qu'on l'écarte. La souillure n'exige rien : elle ne se produit pas. Alors, demandera-t-on enfin, l'Éveil ne consiste-t-il pas à se rendre compte de la pureté, de la substantialité, de la félicité et de la permanence de notre essence véritable ? Non, cela non plus n'est pas l'Éveil, qui n'a rien à voir avec une prise de conscience, fût-ce des vérités les plus sublimes[1]. L'Éveil, comme la sagesse, est libre des labeurs du sentir et du penser. Il ne se passe pas ailleurs de tout : il n'a pas lieu. Notre essence n'est ni nôtre ni pas nôtre ; sa merveille est telle qu'il suffit de la voir pour se découvrir bouddha dans un monde de bouddhas[2].

Voilà pour la face jamais née de la « claire lumière », et voilà pourquoi le bouddha Shâkyamuni commence sa récitation des préceptes des terres de l'esprit des bodhisattvas en les montrant sur un mode lumineux, non hallucinatoire, mais suffisamment « coloré » pour en faire un troisième trait important du présent soûtra. Je veux parler de l'abondant recours à la « luminosité » (ssk *prabhâsvara*, chn *guangmíng*). On lit au début du livre II :

« De la bouche du Bouddha jaillirent alors d'innombrables rayons de lumière […] Ces rayons ne sont ni bleus, ni jaunes, ni rouges, ni blancs, ni noirs. Ils ne relèvent ni des formes ni de l'esprit. Ils n'appartiennent ni à l'être ni au non-être et n'obéissent pas aux lois de la causalité. Ils sont pourtant la source primordiale des bouddhas et la source primordiale des bodhisattvas : le principe et la cause des enfants des bouddhas de la grande assemblée. »

---

1. Si l'on en croit le bodhisattva Vimalakîrti : « Ce qu'on appelle "Éveil" n'est pas une entité dont on puisse physiquement ou spirituellement se saisir […] L'Éveil est non duel parce qu'il transcende et l'esprit et les choses […] L'Éveil est une désignation conventionnelle car le langage est vide… » Et pourtant « l'Éveil est connaissance parce qu'il saisit les pensées et les actes de chaque être. » *Soûtra de la Liberté inconcevable*, p. 65-66.

2. Voir son essence « rend » bouddha. *Cf.* Fâhâi, p. 33 *sq.*

On notera que ces rayons de lumière colorés, de nature proprement inconcevable, certes, sont «pourtant» la *cause* des Éveillés. Hommage est ainsi rendu à la discipline, qui est le fondement et la conditon nécessaire de la concentration et de la sagesse, lesquelles «engendrent» tous les bouddhas et les bodhisattvas. La luminosité en tant que discipline : voilà la pratique – tantrique – des bodhisattvas ; la discipline en tant que luminosité : voilà la théorie de l'esprit d'Éveil que le *Soûtra du Filet de Brahmâ* illustre en quelques dizaines de pages. La discipline, ou la morale, du Grand Véhicule tient toute dans cet énoncé : «La discipline transcendante (*shîla-pâramitâ*) consiste à ne pas pouvoir trouver l'essence de la faute ou de la non-faute.» Quelle merveille que l'introuvabilité une fois admise et intégrée à l'introuvable vie ! Donc, tout étant vide en vérité absolue, ou en ainsité, ou dans son apparence réelle, etc., il n'est, en vérité relative, qu'une seule chose à faire : aimer les autres infiniment plus que soi-même. Cet amour idéalement illimité est l'occasion d'une compassion illimitée pour tous, sans objet particulier, sauf *in situ*, qui s'accompagne de la joie du bien et a la taille du ciel de l'impartialité ; cet amour figure ici même l'ultime sympathie synonyme de la connaissance directe, et parfaite, de la grande vacuité.

Autrement dit, si je ne puis cultiver la vacuité, qui est diffi-cile à comprendre et «facile» à pratiquer – une fois qu'on l'a comprise –, il me reste à cultiver la compassion, qui est facile à comprendre et difficile à pratiquer, même si l'on n'a que l'em-barras du choix ! Pourquoi la vacuité ? Pour éradiquer la souf-france. Pourquoi la compassion ? Pour, dans un premier temps, s'entraîner au vide en l'émulant dans l'égalité, puis parce que la compassion n'est autre que la claire lumière de la vacuité. Je t'aime parce que nous sommes vides : il ne peut en être autre-ment. Nous sommes vides et donc égaux, et l'égalité est la forme idéale de la compassion.

Plus qu'une gentillesse, plus que l'abstention de mal faire, plus qu'une mollesse nécessaire à la paix des foyers, la morale, voire la discipline, est un art à part entière, une pratique dont la réalisation parfaite engendre tous les bienfaits, des plus humbles aux plus sublimes : de la paix des foyers à la paix dans le monde, voire la paix du nirvâna. L'exercice de la morale selon le *Filet de Brahmâ* et l'ensemble du Grand Véhicule consiste donc à «éviter le mal», «rassembler tout ce qu'il y a de positif» et «secourir les êtres» : stabiliser son esprit, y cultiver toutes les vertus et aider les autres. Chacun de ces actes ou pratiques s'accomplira dans la «pureté des trois pôles» : se rappeler que le sujet qui se retient de mentir, par exemple, n'existe pas réellement; que l'être à qui le mensonge est destiné est irréel, conventionnel et pur, lui aussi; et enfin que le troisième pôle de l'acte, l'acte lui-même, ici le mensonge, n'existe pas en soi et par soi et que, toujours à propos du mensonge, il suffit d'un léger changement dans ses composantes et conditions pour qu'il devienne une vérité. De même pour les actes positifs destinés à son bien personnel et à celui des autres : quand je fais l'aumône d'un petit sou, il ne s'agit pas d'un échange de misères mais du théâtre même de la pureté primordiale et de la perfection spontanée de tout instant de vie.

J'ai cru bon de répéter les quelques notions mahayanistes qui précèdent pour «faciliter» au lecteur l'approche du premier livre de ce soûtra dont le ton peut étonner. Les auteurs bouddhistes aiment à préciser que leur littérature se lit en extase pour le bien de tous et avec l'œil de la sagesse plutôt qu'avec les yeux de la conscience discriminante. Quoi qu'il en soit, le texte ici traduit provient du Canon de 1931 (*Dàzàngjing*), édition raffinée présentant de nombreuses variantes que j'ai pu apprécier à l'aide des commentaires de Fâzàng, Yìjí et Tàixián. Ces trois études émanent d'adeptes de l'école huáyán, mais la lecture de deux autres commentaires (tiantái) du *Filet de Brahmâ* n'a fait que conforter l'impression de cohérence et d'unité qui se dégage de la «tradition orale» accompagnant ce texte telle que la rapportent les commentateurs.

Soûtra du Filet de Brahmâ

Chapitre X

Où le bouddha Vairochana enseigne les préceptes
des terres de l'esprit des bodhisattvas

Hommage à tous les bouddhas et les bodhisattvas !

I

En ce temps-là, le bouddha Shâkyamuni se trouvait dans la terre de la Quatrième Concentration, dans le palais de Maheshvara[1], le souverain des dieux, et aux innombrables divins rois Grands Brahmâs[2], qui étaient des bodhisattvas en nombre indiciblement ineffable[3], il exposait le chapitre de « L'accès au réel par les terres de l'esprit » enseigné par le boud-

---

1. La « terre de la Quatrième Concentration » (chn *dìsì chándì*) désigne en fait un domaine d'existence céleste où s'étagent huit cieux dont le plus élevé, où culmine le monde de la Forme, abrite le palais de Maheshvara, dont le nom signifie « grand tout-puissant », et qui domine tous les êtres qui peuplent les mondes du Désir et de la Forme. En tant que déité suprême, Maheshvara peut également trôner dans l'Empyrée de la Cime du Réel, à la frontière du samsâra et du nirvâna.

2. Les dieux Grands Brahmâs occupent le plus élevé des trois cieux où renaissent les pratiquants de la première concentration. Pures formes conscientes ne se nourrissant plus de « nourriture en portions », le « peuple », les « prêtres » et les « rois » Brahmâs ne sentent ni les odeurs ni les goûts mais le plaisir que distillent leur vue, leur ouïe et leur toucher garantit la félicité de leur conscience mentale où agissent encore les analyses « grossière » et « subtile » qui font partie des « étais » de la première concentration : comme souvent, ce sont le Grand Brahmâ de notre monde et ceux de tous les autres mondes qui ont fait au Bouddha la requête d'enseigner.

3. Ssk *anabhilâpyânabhilâpya*, chn *bùkêshuo-bùkêshuo* : le plus grand nombre nommable de la grande série de nombres qui apparaît au chapitre 30 de la traduction chinoise de l'*Avatamsaka-sûtra* réalisée par Shikshânanda, T 279, vol. 10, p. 238-241.

21

dha Vairochana dans le monde Trésor de la Terrasse du Lotus. Du bouddha Shâkyamuni jaillirent alors des rayons de lumière sapientiale qui tout illuminèrent depuis le palais du roi des dieux jusqu'au monde Trésor de la Terrasse du Lotus. Tous les êtres qui peuplaient les univers situés entre ces deux mondes se dévisagèrent avant d'éclater de joie, mais aucun ne connaissait l'origine de ces rayons de lumière. Ils se demandèrent alors ce que cela signifiait ; l'infinité des hommes et des dieux se trouva perplexe.

Le bodhisattva Roi des Rayons Fleuris qui Pénètrent l'Obscur[1] sortit alors du recueillement extatique de la Claire Lumière Ornée de Grandes Parures et, béni par le Bouddha, se mit à rayonner de lumières blanches comme des nuages de diamant qui illuminèrent la totalité des mondes en convoquant tous les bodhisattvas. Les mêmes par l'esprit, en toutes langues ils se demandaient de quoi ces rayons de lumière étaient le signe.

Alors le bouddha Shâkyamuni prit dans sa main la multitude qui l'entourait et s'en retourna dans le monde Trésor de la Terrasse du Lotus, au cœur des cent milliards de palais illuminés de claires lumières de diamant pourpre, où il vit le bouddha Vairochana assis dans l'éclat des cent milliards de lotus qui composaient son trône.

Le bouddha Shâkyamuni et toutes les grandes assemblées se prosternèrent aux pieds du bouddha Vairochana, puis le bouddha Shâkyamuni prit la parole :

------

1. Ce bodhisattva qui « convoque tous les bodhisattvas de tous les mondes » est un « roi » parce qu'il pratique le Grand Véhicule ; les « rayons » de lumière qu'il émet écartent les obstacles et portent, « fleuris », les graines du grand fruit pour chacun. En effet, ce rayonnement n'est autre que la sagesse primordiale qui « pénètre » ou « réalise » l'objet de la réalisation majeure, l'inconcevable mystère qui mérite le qualificatif d'« obscur ». Le lecteur pourra exercer sa perspicacité sur l'interprétation du nom de l'extase d'où ce bodhisattva s'extrait, de même que sur les autres noms de bouddhas, de bodhisattvas, de recueillements et de mondes, qui s'avèrent toujours symboliques.

–Pour quelle cause et en quelles circonstances les êtres animés de ce monde et de tous les espaces peuvent-ils aller jusqu'au terme de la voie des dix terres des bodhisattvas? Quelles sont les caractéristiques de l'instant où ils accomplissent la bouddhéité? Ces questions ont été posées dans tous les détails par les enfants de la famille des bodhisattvas au chapitre de «L'Ainsité en tant que nature de bouddha».

Le bouddha Vairochana exprima la grande joie que lui inspirait cette question en manifestant dans l'espace les lumières du recueillement dans le corps absolu éternellement présent[1], l'essentielle et originaire bouddhéité parfaite, qu'il donna à voir aux grandes assemblées.

– Ô vous tous, enfants des bouddhas, dit-il, écoutez-moi avec attention, réfléchissez bien à mes paroles et méditez! J'ai pratiqué les terres de l'esprit pendant cent ères cosmiques démesurées et cela m'a permis de quitter l'état d'être ordinaire en accomplissant l'Éveil authentique et parfait sous le nom de Vairochana dans l'océan de mondes Trésor de la Terrasse du Lotus. Cette terrasse est entourée de mille pétales dont chacun abrite un univers composé de mille mondes, et dans chacun de ces mille mondes j'apparais comme un Shâkyamuni. Par ailleurs, l'univers de chaque pétale abrite dix millions de monts Meru, dix millions de soleils et de lunes, dix millions de fois quatre continents, dix millions de Jambudvîpas au sud, dix millions de bodhisattvas du clan des Shâkyas qui s'asseyent sous dix millions d'Arbres d'Éveil, et chacun enseigne les terres de l'esprit des bodhisattvas dont vous lui avez fait la requête, pendant que les neuf millions neuf cent quatre-vingt-dix-neuf mille neuf cent quatre-vingt-dix-neuf autres Shâkyamunis manifestent chacun cent milliards de Shâkyamunis qui tous opèrent les mêmes prodiges. Les bouddhas qui trônent sur les

---

1. «Éternellement présent» (chn *chángzhù*) au sens où la réalisation profonde de la vacuité de la vacuité, que désigne ici le «corps absolu» de la bouddhéité, n'a ni commencement ni fin et, insubstantielle, n'est pas sujette au changement.

mille pétales sont mes corps d'apparition dont les milliards de Shâkyamunis sont des corps d'appartition à leur tour. Quant à moi, Vairochana, je suis leur source première.

Le bouddha Vairochana qui trônait au Trésor de la Terrasse du Lotus répondit alors par le détail aux milliards de Shâkyamunis, qui avaient émané des mille Shâkyamunis, sur le chapitre de « L'accès au réel par les terres de l'esprit » dont ils lui avaient fait la requête :

Tous les bouddhas se doivent de connaître les dix décisions tournées vers le fruit qui imprègnent la ferme patience née de la foi, à savoir : le renoncement, l'observance des préceptes, la patience, la diligence, le recueillement d'extase, la connaissance transcendante, les prières d'aspiration, la préservation des Trois Joyaux, la joie et la pointe.

Tous les bouddhas se doivent de connaître les dix consciences nourricières tournées vers le fruit qui, à partir des dix décisions, amènent à la ferme patience à l'égard du réel, à savoir : la bienveillance, la compassion, la joie, l'impartialité, la générosité, les paroles aimantes, l'utilité, la faculté d'adaptation, le recueillement d'extase et la connaissance transcendante.

Tous les bouddhas se doivent de connaître les dix consciences de diamant tournées vers le fruit qui, à partir des dix consciences nourricières, amènent à la ferme patience née de la méditation, à savoir : la foi, l'attention-mémoire, la dédicace des mérites, la sincérité, la non-régression, l'esprit du Grand Véhicule, le sans-caractéristique, la connaissance transcendante et l'incorruptibilité.

Tous les bouddhas se doivent de connaître les dix terres tournées vers le fruit qui, à partir des dix consciences de diamant, amènent à la ferme patience des êtres sublimes, à savoir : la terre essentielle de l'Égalité, la terre essentielle de la Connaissance du Bien, la terre essentielle de la Claire Lumière, la terre essentielle des Objets de la Connaissance, la terre essentielle de l'Éclat de la Connaissance, la terre essentielle du

Rayonnement Fleuri, la terre essentielle de la Plénitude Parfaite, la terre essentielle du Rugissement de l'Éveillé, la terre essentielle de l'Ornementation Fleurie et la terre essentielle de l'Entrée dans la Sphère des Bouddhas.

Ces quarante rubriques sont autant d'accès au réel ; elles forment les racines ou les causes des pratiques qui, alors que j'étais bodhisattva, me permirent de méditer sur le fruit de bouddhéité jusqu'à l'atteindre. De même, tout être animé qui s'engagera dans les décisions, les consciences nourricières, les consciences de diamant et les dix terres réalisera le but qu'il s'était fixé : la présence éternelle de la grande perfection qui, bien qu'inconditionnée[1] et dépourvue de caractéristiques, est riche des dix forces et des dix-huit qualités exclusives[2] dont la plénitude occupe le corps absolu et les corps de sagesse.

Le bouddha Vairochana du monde Trésor de la Terrasse du Lotus redoubla alors d'éclatantes lumières qui enveloppèrent son trône, ainsi que les bouddhas des mille pétales, les dix milliards de bouddhas et les bouddhas de tous les mondes. Dans l'assemblée se trouvait un bodhisattva nommé Grande Clarté Sapientiale du Roi au Nimbe Fleuri qui se leva pour s'adresser au bouddha Vairochana.

– Ô bouddha vénéré des mondes, dit-il, vous venez de nous donner un avant-goût des dix décisions, des dix consciences nourricières, des dix consciences de diamant et des dix terres, mais je ne parviens pas à pleinement saisir le sens de ces articles. Veuillez nous les expliquer, oh, veuillez nous les expliquer même si toutes les portes de sagesse qui ouvrent sur le précieux trésor du diamant d'extrême merveille se trouvent

---

1. Il faut bien se rappeler qu'« inconditionné » ou « incomposé » (ssk *asamskrita*, chn *wúwéi*) signifie « qui n'a ni commencement, ni milieu, ni fin ».

2. Les dix forces émergent dans l'esprit du bodhisattva établi dans la terre de l'Éclat de la Connaissance (*cf. inf.*, p. 54 *sq.*) ; il accédera aux dix-huit qualités exclusives lorsqu'il aura atteint la terre de la Plénitude (*cf. inf.*, p. 57 *sq.*).

expliquées au chapitre des « Cent contemplations des ainsi-allés » du présent soûtra.

Le bouddha Vairochana répondit :

– Écoutez-moi avec attention, ô bouddhas par milliers. Je vais répondre à toutes vos questions.

D'abord, les dix décisions :

L'enfant des bouddhas qui a décidé de renoncer renonce à tout : à son pays et à sa terre, à sa cité, à son village, à ses champs et à sa maison, à l'or, à l'argent et aux perles, aux hommes, aux femmes et à lui-même. Il renonce à tous ces phénomènes dans l'inconditionné et le sans-caractéristique. La connaissance et les opinions qu'il a de soi-même et des autres sont le fait d'associations conventionnelles dont le maître et coordinateur n'existe que dans l'interaction des douze facteurs de la production interdépendante nés de la croyance au soi. Rien ne s'agrège, rien ne se désagrège et nul n'adopte quoi que ce soit. Les douze sources de perception, les dix-huit domaines et les cinq agrégats sont certes des apparences unitaires, mais il n'y a ni soi ni objets du soi, et tous les phénomènes demeurent purement conventionnels. Dès lors qu'il ne renonce à aucun phénomène intérieur ou extérieur, pas plus qu'il n'en adopte le moindre, on dit que le bodhisattva entre en contemplation : il a devant les yeux des concepts qui ne sont qu'associations conventionnelles. Empreint de ce type de renoncement, son esprit accède au recueillement d'extase dans la vacuité.

L'enfant des bouddhas qui a décidé de respecter les préceptes n'est pas opposé à la discipline et n'a rien d'un mécréant. Aucun maître ne lui enseigne les dix vertus puisqu'il n'y a personne pour accumuler les actes de tromperie, de vol et ainsi de suite jusqu'aux opinions perverses. Toutefois la bienveillance, la probité, la pureté, la rectitude, la correction, les vues justes, le renoncement et la joie constituent la substance et l'essence des dix préceptes[1] : ces qualités contrôlent et arrêtent les huit perversions[2] et tout ce qui par nature s'écarte de la seule voie de pureté.

L'enfant des bouddhas qui a décidé d'être patient cherche l'essence de la connaissance de ce qui est et de ce qui n'est pas au sein de la patience à l'égard de la vacuité de la vacuité comme dans la patience à tout égard, autrement dit dans la patience à l'égard du néant de la naissance et la patience à l'égard de toutes choses, face à la douleur par exemple. Les innombrables objets conditionnés sont donc chacun l'occasion d'une forme de patience : personne ne reçoit les coups, personne ne les donne, et il n'y a ni lame ni bâton ni colère. Ainsi en est-il de chaque pôle des actes conditionnés[3]. Il n'y a pas d'objets séparés ni d'unité ; et si l'absence de caractéristiques n'a pas d'existence réelle, l'être et le non-être ont chacun leurs attributs : rien qui soit séparé de la conscience, rien qui ait de réelles circonstances. Que le bodhisattva soit debout, immobile,

---

1. Les « dix vertus » désignent habituellement le contraire des « dix fautes » ou « actes nuisibles ». Ici, il s'agit des antidotes contre les fautes extrêmement graves du bodhisattva qui seront décrites au livre II (p. 75 *sq.*). Ainsi la bienveillance contrera-t-elle l'envie ou l'acte de tuer, la probité le vol, la pureté la fornication, la rectitude le mensonge, la correction le commerce de substances enivrantes, les vues justes les opinions perverses, le renoncement l'avarice, la joie la colère et, sous-entendue, la compassion permettra au bodhisattva de ne pas dénoncer les défauts et les fautes de ses pairs et des autres mystiques.

2. L'état naturel de la conscience spontanée est éternel, heureux, substantiel et pur (ssk *nitya-sukha-âtmâ-shuddha*, chn *chánglèwôjìng*). Les « huit perversions » (chn *badâo*) consistent à croire (et à agir en conséquence) que les choses et les pensées sont réellement permanentes ou impermanentes, réellement sources de bonheur ou de souffrance, réellement substantielles ou insubstantielles et réellement pures ou impures. Le réalisme naïf est la perversion des êtres ordinaires ; la haine et le dégoût des choses la perversion des adeptes des deux véhicules inférieurs (des auditeurs et des bouddhas-par-soi).

3. Ces « pôles de l'acte » (ssk *trimandala*, chn *sanlún, sanchû*) désignent l'agent, le patient et l'acte lui-même. L'adepte de la connaissance transcendante médite sur la vacuité, ou la pureté absolue, de chacun de ces trois pôles jusqu'à la reconnaître en toute occasion : il vit alors « en ainsité » (chn *rúrú*) hors des chaînes de l'acte ou *karma*.

mobile ou à l'arrêt, le moi et l'autre, les liens et la libération demeurent, comme la patience, dépourvus de caractéristiques.

L'enfant des bouddhas qui a décidé de progresser avec diligence médite à tout moment, qu'il se tienne debout, assis, couché, ou qu'il se déplace : dominant le vide et le conventionnel, il se joint à la nature des choses, escalade le mont du Néant de la Naissance et voit tout ce qui est dans son être et dans son non-être tout ce qui n'est pas. La grande terre, le bleu, le jaune, le rouge et le blanc, bref, toutes les omniprésences[1] jusqu'à l'essence de sagesse des Trois Joyaux, autrement dit la voie de la foi et du progès tout entière est vide, jamais née : elle ne fait rien et tout ignore. La vérité où tout est vacuité et la vérité qui opère dans le monde ne sont pas deux, elles non plus. La pénétration poursuivie de la vacuité permet au bodhisattva de partager diligemment ses racines de bien.

L'enfant des bouddhas qui a décidé de se recueillir en extase s'éteint dans l'indescriptible paix du nirvâna. Sans apparence ni mesure, pareille action n'est autre que le recueillement de l'insondable esprit. Il n'est pas un seul être ordinaire ni un seul être sublime qui n'accède au recueillement d'extase. Moi et autrui, l'agent et le patient sont des opinions et des liens ayant nature d'obstacles. Le vent de la distraction agite l'esprit qui s'éteint ailleurs que dans la paix. Dans la vacuité de la vacuité, les huit perversions n'ont pas l'occasion de se produire[2].

---

1. Les « dix omniprésences » ou « globalités » (ssk *kritsnâyatana*, *biànchû*) consistent, en bref, à méditer sur l'omniprésence visionnaire de dix objets allant des couleurs jusqu'au sens même du réel : ces méditations qui couronnent les « huit libérations » et les « huit lieux sublimes » du Petit Véhicule permettent au bodhisattva de satisfaire à la vertu de diligence en dédiant les mérites de toutes ces pratiques positives à tous les êtres dans l'intégration de la vérité absolue et de la vérité relative. *Cf.* Sengzhao, p. 225, n. 1 et Buddhaghosa, ch. V, « Les autres globalités ».

2. La vacuité de tel ou tel objet peut inspirer à l'être ordinaire réaliste l'irréalisme (ou le nihilisme) des mystiques en herbe. Seule la vacuité de cette vacuité (forcément vide aussi, comme toutes choses) l'emportera au-delà du réalisme et

Conventionnellement en paix, la connaissance transcendante voit l'extinction de chaque instant de pensée, assemblage fortuit de désignations. Les effets pernicieux de l'acte dans les trois mondes s'éteignent dans le recueillement d'où jaillit tout bien.

Pour l'enfant des bouddhas qui se concentre sur la connaissance transcendante, la connaissance directe de la vacuité n'échappe pas aux causes et aux conditions. La substance consciente porte le nom d'esprit, lequel domine le processus de discrimination des noms conventionnels affectés aux choses tout en communiquant avec l'Éveil. Recueillir le fruit, pratiquer les causes, accéder aux terres sublimes, renoncer au monde ordinaire, abolir les actes négatifs, produire des mérites, être enchaîné et se libérer : tout cela, c'est la vertu et l'œuvre de l'essence du réel. Toutes les émotions douloureuses issues de la croyance à la permanence, au bonheur, à la substance et à la pureté des choses viennent de l'ignorance qui méconnaît l'essence même de la connaissance transcendante. Toutes les pratiques commencent donc par la reconnaissance de cette dernière. Le bodhisattva s'exerçant à un nombre ineffable de contemplations basées sur la connaissance transcendante accède à la vérité une de la voie médiane. L'ignorance qui voile la connaissance transcendante n'a pas de caractère propre ; elle n'a pas de provenance ni de conditions ; ce n'est pas un acte négatif ni une perversion car elle n'a ni naissance ni cessation. De sa félicité, le brasier de claire lumière de la connaissance transcendante illumine le vide, tandis que les méthodes habiles se métamorphosent en pouvoirs extraordinaires, car les œuvres de la connaissance transcendante ne dévient jamais de l'essence de la sagesse.

––––––––––––

du nihilisme naïfs, par-delà les « huit perversions » possibles du rapport de l'individu au monde.

L'enfant des bouddhas qui a décidé de former des prières d'aspiration s'adonne à la grande quête : la quête de tout. Motivé par le fruit, il pratique la cause, et ainsi, pensée après pensée, s'enchaînent ses prières d'aspiration, tandis que pendant des centaines et des centaines d'ères cosmiques il atteint la bouddhéité en éteignant la faute[1]. Continûment il cherche, au sommet de l'esprit, le vide et l'unité du néant de la naissance ; il aspire à le contempler sans cesse pour accéder à l'illumination du recueillement extatique qui donne à voir, par-delà toute mesure, combien quête et aspiration l'enchaînent, afin de s'en libérer. Et pourtant, c'est l'aspiration qui permet aux innombrables pratiques merveilleuses de s'accomplir, et c'est bien sur une quête que l'Éveil aux merveilleuses qualités se fonde. Tout commence par une quête ; entretemps la pratique de la méditation comble les aspirations ; et pour finir s'accomplit le fruit de bouddhéité où la vérité une de la voie médiane s'offre à la contemplation par-delà tout éclat lumineux, toute notion d'objet et toute extinction en produisant des visions successives que la connaissance transcendante n'a plus besoin de libérer. Ainsi l'expérience de l'aspiration dans son essence est-elle le fondement et la cause de toutes les pratiques.

L'enfant des bouddhas qui a décidé de préserver les Trois Joyaux préserve autant les Trois Joyaux qu'il préserve les mérites de toutes les pratiques en empêchant les voies extérieures, les huit perversions et les vues fausses de venir troubler la justesse de sa foi. Pour ce faire il éteint le lien du moi et le lien des vues dans le néant de la naissance dont l'éclat rejoint les deux vérités en rendant son évidence à la contemplation de l'esprit. Pour préserver la racine et le fondement, le bodhisattva préserve l'absence de caractéristiques. Il préserve la vacuité, le

---

1. Autrement dit en abolissant tous les actes négatifs et leurs effets qui le forcent à renaître dans le cercle des morts et des renaissances (*samsâra*).

sans-caractéristique et le sans-souhait pendant que, d'instant en instant, la connaissance transcendante l'introduit dans le néant de la naissance. De rayonnement en rayonnement, la voie du vide et la voie de la sagesse préservent sa contemplation alors qu'il entre dans le vide et le conventionnel en tant qu'entités distinctes évoquées comme par magie et aussi irréelles les unes que les autres. Les choses s'agrègent et se décomposent sans qu'on puisse les préserver. De même en est-il pour l'esprit qui les contemple.

L'enfant des bouddhas qui a décidé de cultiver la joie se réjouit toujours à la vue du bonheur des autres. En toutes choses qu'il touche, le conventionnel et le vide rayonnent paisiblement, et s'il ne s'implique pas dans le conditionné, il ne se prive pas de paix. Dans la grande félicité rien ne s'unit : les sensations se métamorphosent et les phénomènes apparaissent. D'instant en instant, le bodhisattva pratique la seule contemplation de l'égalité des choses de nature mystérieuse comme de nature conventionnelle et pour cela étudie abondamment toutes les qualités et les activités des bouddhas. D'instant en instant la sagesse indescriptible de la joie accompagne sa pensée qui sereinement rayonne, et la joie de son cœur favorise toutes les bonnes choses.

L'enfant des bouddhas qui a décidé d'œuvrer à la pointe laisse sa sagesse la plus élevée anéantir le substantialisme, les cercles vicieux, les vues, les doutes et la croyance à la personnalité de ce corps, de même que la colère et toutes les émotions négatives, comme s'il s'agissait de la pointe d'une épée. Les contemplations de sublime sagesse se succèdent en filant comme une pointe. L'unique voie de l'ainsité − les causes et les effets en pleine dimension absolue − évoque une pointe par son caractère éminemment sublime. Cette pointe est aussi l'apex de l'homme.

La croyance à la personnalité, qui est erronée de part en part, présente jusqu'à soixante-deux aspects[1]. Elle avance que les cinq agrégats, qui ne cessent de naître et de mourir, sont l'âme ou le moi, le propriétaire qui coordonne les mouvements et ainsi de suite. Or l'action n'existe pas réellement, ni les sensations, ni les formations karmiques ; on ne peut rien saisir, ni rien attacher. Ce que contemplant, le bodhisattva accède à la voie directe du vide intérieur. Jamais sa compassion ne prend les êtres pour objets mais jamais elle ne les abandonne. Établi dans l'extase de l'Apex, il connaît le recueillement de cessation en bénissant tous ceux qui avancent sur la voie[2]. Même s'il était sujet aux huit perversions du fait d'un éternalisme croyant fermement à la réalité essentielle du moi et des autres, il lui suffirait d'user de non-dualisme pour ne plus subir les huit situations les plus difficiles[3] et ne pas même cueillir, au terme de tout, de fruit purement illusoire. Cet être est unique, qui va, vient, s'assied, se lève, et ce faisant médite en évinçant la faute. Il ne commet plus les dix actes nuisibles mais cultive les dix actes vertueux. C'est un homme juste entré dans la voie. En lui la sagesse est juste et l'action juste aussi. À lui se manifeste toute la compréhension, toute la contemplation des bodhisattvas : plus jamais il ne subira l'effet des six destinées, plus jamais il ne

1. « L'expérience de gens qui ne savent pas, dit le Bouddha, qui ne voient pas, l'excitation et la contorsion de gens en proie à la soif d'être » : précisément l'objet du *Sutta du Filet de Brahman*. *Cf.* Bloch, p. 1 et 34 ; Sengzhao, p. 131, n. 1.

2. L'« extase de l'Apex » (chn *dǐng sanmèi*) fait référence à la consécration finale du bodhisattva et à l'annonce de son prochain Éveil. *Cf. inf.*, p. 43-44, 69 et 88, et *Soûtra des Dix Terres*, p. 209 *sq.* Quant au « recueillement de cessation (ou d'extinction) » (ssk *nirodhasamâpatti*, chn *mièjìndìng*), pur sommet de nihilisme s'il est une fin en soi, il n'est pour les grands bodhisattvas qu'un spectacle, un objet de connaissance qu'il faut apprécier sans le consommer. *Cf. Soûtra des Dix Terres*, p. 165 *sq.* et Sengzhao, p. 128. Le « néant » de cette extase est pour le bodhisattva un rayonnement sympathique et vide qui spontanément bénit les bons pratiquants.

3. Les huit « difficultés » (chn *banán*) ou « servitudes » des êtres qui sont nés dans les enfers, dans le monde des esprits faméliques, ou parmi les bêtes, chez les barbares, comme des dieux affligés d'une longévité presque infinie, dans une ère sans bouddha, ou, enfin, convaincus d'idées fausses. *Cf.* Patrul, p. 57 *sq.*

quittera la lignée des bouddhas, toujours il renaîtra dans une famille bouddhiste pour ne jamais s'éloigner de la vraie foi.

Ce qui est expliqué en détail au chapitre précédent, «Les dix lumières célestes».

Le bouddha Vairochana poursuivit sa réponse aux mille bouddhas, cette fois à propos des dix consciences nourricières :

L'enfant des bouddhas qui pratique la bienveillance produit des causes de bonheur du simple fait de cette aimable inclination. Celle-ci, en effet, est analogue au bonheur qui imprègne la sagesse de l'irréalité du soi, dont la contemplation plonge l'adepte dans le réel. Les sensations, les représentations, les formations, les consciences et les formes, bref, les grandes réalités ne naissent, ne durent, ni ne cessent, à l'image des illusions magiques, et en ainsité ne sont pas différentes. Toutes les méditations débouchent alors sur l'accomplissement de la roue du Dharma dont les activités prennent tout en compte en inspirant à chacun une foi correcte pour ne plus suivre les doctrines diaboliques[1]. Cet accomplissement a également la vertu de permettre à tous les êtres de jouir du fruit bienheureux de la bienveillance. Ce fruit irréel n'entre pas dans la catégorie des effets du bien et du mal; c'est plutôt un recueillement d'extase dans la réalisation de l'essence de la vacuité.

L'enfant des bouddhas qui cultive la compassion en connaît la vacuité, et il sait que cette vacuité n'a pas caractère de vacuité. Comme il pratique sur la voie, les objets de sa compassion éliminent d'eux-mêmes leurs souffrances en prenant une conscience toute sapientiale des souffrances démesurées qui

---

1. Ces doctrines sont «diaboliques» comme toutes les «pensées» qui émanent d'individus torturés par les «quatre Mâras», démons assassins de la sagesse qui figurent 1. les émotions négatives, 2. les cinq agrégats, 3. la mort et 4. le souverain des dieux qui Commandent aux Métamorphoses des Autres. *Cf.* Sengzhao.

torturent tous les êtres. Voici qu'ils ne font plus périr les êtres animés ni le Dharma, et voici qu'ils ne croient plus au moi ! Désormais, constante est la pratique de ne pas tuer, de ne pas voler, de ne pas forniquer. Il n'est plus un seul être sensible affligé par les émotions négatives. Ceux qui engendrent l'esprit d'Éveil voient dans la vacuité l'apparence réelle de toutes choses. Quant à la sagesse de la voie qui naît au fil des activités de sa famille, elle n'est autre que la sagesse du bonheur suprême que prodiguent autant ceux qui l'aiment que ceux qui le haïssent ; amour et haine connaissant chacun trois degrés d'intensité, neuf degrés de bonheur lui sont possibles auprès de ceux qui le haïssent le plus[1]. Quand la vacuité du fruit se manifeste, l'adepte et tous les êtres sont égaux, et dans un seul mouvement de grande félicité surgit la grande compassion.

L'enfant des bouddhas qui s'adonne à la joie se réjouit du néant de la naissance. La sagesse qui émane alors de la voie qu'imposent l'essence et les caractéristiques de la famille à laquelle il appartient lui montre son vide et celui de tous les êtres. L'esprit joyeux n'est pas attaché au moi ni aux objets du moi : emportées dans le tourbillon du temps, les causes ne se rejoignent jamais pour produire des effets. Que tout ce qui existe s'engouffre dans la contemplation de la vacuité dont la pratique aboutit : voilà de quoi réjouir tous les êtres animés. Réveillés par le vide, ils entrent dans la voie de l'Éveil en se détournant des mauvais maîtres spirituels. Ils cherchent alors le

---

1. Ceux qui vous aiment, avec qui vous avez les liens de parenté les plus étroits, sont (en Chine traditionnelle) six : votre père, votre mère, vos frères aîné et cadet, et vos oncles paternel et maternel. Ceux qui vous haïssent peuvent être les mêmes, ou/et tous les autres. Ramenons à trois ces proches : parents, frères et oncles. Ceux que l'on aime le plus, on veut à la fois leur donner le bonheur et les délivrer de leur souffrance. On aime moyennement ceux qui ne méritent que l'une de ces choses ; et pas vraiment ceux qui n'en méritent aucune ; adaptés aux trois proches, on aboutit à neuf « degrés de bonheur ». Le bodhisattva connaît la vacuité, donc la pureté, de tous les sentiments, et plus il essuiera de déconvenues et de haines, plus il éprouvera la « félicité de la grande compassion ».

bon maître qui leur montrera la bonne voie, celle qui mène chacun dans une famille où l'on respecte les enseignements du Bouddha. Constante est la joie de ceux qui se tiennent dans le Dharma car en progressant par les stations dans les enseignements ils emmènent tous les autres à la juste foi. L'abandon des vues fausses et la fin des souffrances des six destinées : quelle source de joie !

L'enfant des bouddhas qui s'adonne à l'impartialité reste constamment impartial dans le ciel de la vacuité, du sans-caractéristique et du sans-souhait. L'égalité répand le même éclat sur le bien et le mal, les opinions et l'absence d'opinion, le mérite et le démérite – sur tous les couples d'opposés. L'impartialité est grande dès que, par-delà le concept d'individu et de moi doué de possessions, elle ne trouve plus d'essence au même et à l'autre. Elle est alors renoncement à soi-même, à sa propre chair, à ses mains, à ses jambes, à ses fils et à ses filles, à son pays, à sa ville, à toutes ces choses pareilles à des illusions magiques, à de l'eau qui court ou à la flamme d'une lampe à huile. Et ce renoncement se cultive constamment l'esprit plein du néant de la naissance.

L'enfant des bouddhas qui s'adonne à la générosité est généreux au point de combler tous les êtres. Il est généreux de son corps, de sa parole et de son esprit, généreux en dons matériels comme en dons spirituels pour guider et instruire chacun des êtres. Pour lui, les éléments intérieurs et extérieurs du corps, de même que sa ville ou son pays, ses filles et ses fils, sa demeure et son champ, tout cela participe de la même ainsité, à tel point que les objets inanimés dont il fait offrande, ceux qui les reçoivent et celui qui les donne ne se rencontrent ni ne se quittent à l'intérieur comme à l'extérieur. Et dans cet au-delà de la pensée ordinaire, le bodhisattva aide les autres en pratiquant car il connaît alors le principe absolu autant qu'il parfait la générosité. Sa pratique a lieu sous tous les aspects du réel.

L'enfant des bouddhas qui s'adonne aux paroles aimantes accède à un recueillement d'extase dans le verbe aimant de l'essence du réel, car les paroles qui mènent à la vérité absolue, et les mots qui parlent vrai, obéissent tous à la voix qui accorde les esprits sans soulever la colère ou la contestation. La sagesse primordiale, qui connaît la vacuité de toutes choses, rayonne constamment d'un amour qui n'est dirigé sur aucun objet en particulier. Les pensées, et l'action qui en découle, obéissent à l'intention des bouddhas en respectant la sensibilité de chaque être. La langue des enseignements mise au point par les êtres sublimes est telle qu'elle permet d'instruire les êtres en respectant toujours la pensée de chacun pour l'inciter à planter des racines de bien.

L'enfant des bouddhas qui veut être utile aux autres parcourt en grand la voie de la sagesse au sein même de l'essence de la sagesse véritable et réunit tous les accès au réel qui flamboient de lumière en les contemplant dans l'examen et la pratique des sept précieux trésors[1]. C'est parce qu'il est utile à l'être qui se tient devant lui que sa longévité est assurée ! Une fois en extase dans un recueillement d'utilité universelle, apparaissent les actes du corps, de la parole et de l'esprit qui, ébranlant l'univers, consacrent le moindre mouvement en semailles : graines de réel, graines de vacuité et graines d'Éveil se répandent sur tous, et cet immense secours leur apporte le bonheur. Le bodhisattva se manifeste ainsi dans les six destinées mais aucune des innombrables souffrances et angoisses qui sévissent en ces lieux ne l'inquiète, car son seul intérêt, c'est l'intérêt des autres.

---

1. « La foi, la discipline, l'érudition, le renoncement, la connaissance, la pudeur et la discrétion forment un septuple trésor que les laïcs devraient préférer à leurs richesses et les religieux aux objets du désir sensoriel et aux émotions négatives. » Kumârajîva *in* Sengzhao, p. 375.

L'enfant des bouddhas qui pratique l'assimilation se tient au cœur du réel vide et jamais né auquel il s'est assimilé du fait de la sagesse qui connaît l'essence de la voie : il est le même, sans aucune différence, que tous ces êtres, ainsi que le sait la sagesse de l'irréalité du moi. Le paysage originel où tout est semblable par sa vacuité figure l'ainsité de toutes choses. Celles-ci naissent, durent et cessent constamment en formant l'insondable cercle des réalités vulgaires qui s'enchaînent. Il est alors possible de manifester d'innombrables formes corporelles, couleurs et pensées qui passent à l'action. Le bodhisattva s'introduit dans les six destinées et s'adapte à chacune des situations qu'il peut y rencontrer. La vacuité fait comme s'il n'était jamais né : il n'est d'ailleurs rien à quoi s'assimiler. Or il va jusqu'à se laisser démembrer pour mieux encore s'enfoncer dans l'extase où l'on s'assimile à toutes choses.

L'enfant des bouddhas qui cultive le recueillement extatique permet à la connaissance contemplative née du recueillement profond de réaliser la vacuité en dissolvant les objets de chaque pensée successive. Ainsi n'a-t-il plus attachement ni croyance au moi et aux possessions du moi : les domaines de la conscience et de la forme. Que les situations lui soient favorables ou contraires, il en ressort aussi facilement qu'il y est entré, ce qui lui permet d'accéder aux dix qualités étayant les recueillements de concentration par centaines[1]. Un

____

1. Ces dix qualités de la concentration portent le nom technique d'« étais » (chn *chánzhî*) parce qu'ils étayent et soutiennent la concentration. Il s'agit de 1. l'analyse « grossière » (ssk *vitarka*), 2. l'analyse « subtile » (*vicâra*), 3. le ravissement (*prîti*), 4. la félicité (*sukha*), 5. la focalisation de l'esprit (*ekâgratâ*), 6. la souplesse extatique (*prashrabdhi*), 7. le détachement complet (*upekshâ*), 8. l'attention juste (*samyaksmriti*), 9. la juste sagesse (*samyagjñâna*), et 10. la sensation neutre (*nasukha-nâsukhavedanâ*). Il y a quatre concentrations. Les cinq premiers étais opèrent dans la première concentration ; les analyses grossière et subtile de l'objet de concentration disparaissent avec la deuxième concentration qui se nourrit alors de souplesse, de ravissement, de félicité et de focalisation de l'esprit. La troisième concentration se détache du ravissement pour développer le détachement complet, l'attention, la sagesse, la félicité et la focalisation de l'esprit. Enfin, las de la

seul instant de sagesse lui offre cette vision : toutes les graines que tous les êtres et lui-même portent en eux-mêmes et hors d'eux-mêmes ne se rencontrent jamais et jamais ne se séparent. Tout étant processus infiniment composé, tout demeure introuvable.

L'enfant des bouddhas qui s'adonne à la connaissance transcendante active cette connaissance pour regarder son esprit. Il voit alors que les vues perverses et les émotions négatives manifestes ou latentes, de même que tous les liens, n'ont pas d'essence déterminée puisque la douce résignation à l'égard du réel les montre tous semblables par la vacuité. Ils ne relèvent ni des agrégats, ni des domaines, ni des sources ; ils ne sont pas réservés aux autres êtres animés, n'appartiennent pas à un moi unique, et ne relèvent pas de l'enchaînement des causes et des effets ni de la succession des trois moments du temps. La connaissance transcendante rejaillit de lumières par nature ; sa seule flamme émet tant de clartés qu'elle montre que, tout étant vide, il n'est rien à subir. Unie aux méthodes habiles, la connaissance transcendante produit les consciences nourricières, de ces états de l'esprit qui entrent dans la voie du vide en suscitant la vacuité, autrement dit la sublime reconnaissance du néant de toute naissance. Or cent portes de lumière ouvrant sur la nature de l'esprit ont été expliquées précédemment, au chapitre des « Dix Souverains de Clarté de la Mer ».

Le bouddha Vairochana poursuivit sa réponse aux mille bouddhas, cette fois à propos des dix consciences – ou graines – de diamant :

------

félicité, l'esprit accède à la quatrième concentration que dominent la neutralité des sensations, le détachement, l'attention et la focalisation de l'esprit. *Cf.* Buddhaghosa, p. 113 *sq.* et Sengzhao, p. 119-121.

L'enfant des bouddhas qui a la foi reconnaît en elle la première des pratiques et le fondement de toutes les qualités. Il ne cultive plus les vues perverses des voies extérieures car il sait que les opinions ne sont que des croyances à des mots qui tissent des actes dont il ne subira pas les effets. Le voici dans la vacuité du réel inconditionné où naissance, durée et cessation n'ont pas de réalité. L'irréel ne naît point et ce qui ne naît point ne dure pas. Ce qui dure ne cesse pas pendant qu'il dure : il n'y a donc pas de cessation. Tous les phénomènes existants sont vides. La sagesse des vérités relative et absolue élimine les déviations de la vacuité. Les formes sont vides et les états de l'esprit, plus subtils, sont vides aussi. Comme la conscience de ces états subtils est vide à son tour, les instants de foi s'éteignent successivement dans la paix : rien ne s'agrège au niveau de leur essence et ils restent dépourvus de point d'appui. Cependant le sujet et ses semblables – le même et l'autre – ont une existence nominale efficiente. La substance animée et inanimée qui compose les trois mondes n'a jamais eu la qualité d'être produite par un rassemblement et la foi du bodhisattva mérite le nom de « foi sans caractéristiques ».

L'enfant des bouddhas qui pratique l'attention-mémoire exerce son attention sur six objets dont il perçoit constamment les trois premiers – le Dharma, la Communauté et la discipline – en faisant constamment l'aumône de la vérité absolue. Ces objets sont vides et ne suscitent ni attachement ni émancipation. La naissance, la durée et la cessation qui caractérisent les conditionnés ne les ébranlent pas, si bien qu'ils ne se déplacent pas et ne vont ni ne viennent. Toutefois, si celui qui jouit des effets de ses actes en dédie les mérites dans l'unité du réel, il accède à la sagesse de la dimension absolue. Chaque instant de connaissance est alors l'occasion d'un instant de connaissance accrue ; chaque instant offre au bodhisattva l'occasion de s'éteindre dans la paix du nirvâna. Les flammes succèdent aux flammes dans l'impermanence, tandis que le néant de la naissance rayonne de lumières. Ce qui ne naît pas ne commence pas réellement mais le déjà-là se transforme en voie de vacuité. En devenant l'instant suivant, le présent s'améliore ; les transformations succèdent aux métamorphoses, et parfois un éclair de stabilité s'impose dans tout ce mouvement : les flammes de l'attention fondent en un seul brasier car toute conscience naît en même temps qu'elle s'éteint. Ce qui a changé, ce qui changera et ce qui change participent du même instant.

L'enfant des bouddhas qui pratique la dédicace des mérites atteint la véritable profondeur de l'esprit, la vérité absolue de la vacuité, et la sagesse qui connaît le vide des réalités illumine l'absolue vérité de l'être. La voie des actes qui s'enchaînent n'est autre que la voie médiane de la production interdépendante. Voilà ce qui s'appelle «vérité du réel». Les noms qui ont été donnés par convention aux choses, comme «moi» ou «propriétaire», constituent la «vérité relative». Le bodhisattva avance toujours plus profondément dans la vacuité de ces deux vérités sans se déplacer le moindrement. Et puisque les effets que l'on subit comme au sein d'une illusion magique ne sont pas réellement subis, la libération de l'esprit atteint des profondeurs toujours renouvelées.

L'enfant des bouddhas qui en est à l'aboutissement a suffisamment de patience pour se ranger à l'essence de toutes choses. De chaque chose l'essence ignore les liens, la libération et les obstacles. Voilà qui est aller jusqu'au bout des enseignements, jusqu'au bout du sens, jusqu'au bout des mots et jusqu'au bout de la prédication. Les facultés et comportements des êtres, qui sont le jeu des causes et des effets de leurs actes passés, futurs et présents, demeurent en ainsité sans jamais s'agréger ni se désagréger. Rien à faire avec les choses : rien à faire avec des conventions, rien à faire avec des mots ! Tout ce qu'on peut faire d'utile et de bien est vacuité de la vacuité, et c'est la clarté du vide qui atteint la vacuité. Ce qu'on appelle

« atteindre la vacuité de toutes choses », c'est le vide de la vacuité, l'ainsi de l'ainsité, le fait même de ne trouver aucune caractéristique à cet « état ».

L'enfant des bouddhas qui cultive la rectitude illumine directement l'âme ou le moi, qui consomment leurs objets, en recourant à la sagesse qui imprègne le néant de la naissance. L'âme et le moi de l'ignorance sont le vide même au sein de la vacuité de la vacuité. L'esprit qui a rejoint le principe de la vacuité de la vacuité ne laisse pas pourrir les graines de la vie aussi bien dans l'être que dans le non-être ; il demeure non pollué dans la contemplation une de la voie médiane et ce faisant il instruit et transforme la totalité des êtres des dix vents de l'espace. Il transforme chaque être de sorte que celui-ci puisse atteindre la vérité toute droite de l'omniscience et la pratique en toute droiture et vacuité sans que les émotions qui dominent les trois mondes puissent l'enserrer de leurs liens.

L'enfant des bouddhas qui pratique la non-régression ne fréquente aucune des terres réservées aux êtres ordinaires. Il ne préjuge de rien à son propre sujet et moins encore croit-il aux semblances de même et d'autres qui ne sont qu'habitudes. Il se jette dans les activités des trois mondes mais sa pratique de la vacuité lui permet de ne pas y rester coincé, et donc de ne pas régresser. Il se libère dans la vérité absolue de la voie médiane et toutes ses pratiques se fondent en une seule qui en aucun cas ne le fait reculer. Et il ne recule point par la pensée car il connaît la non-dualité du fondement et des extrêmes. La sagesse de la contemplation née du vide se poursuit en ainsité et chaque instant de conscience est l'occasion d'accéder à la non-dualité. La voie une de l'unité et de la pureté des pensées qui toujours naissent de la vacuité consiste donc à ne pas reculer sur la voie une de l'unité qui rayonne.

L'enfant des bouddhas qui cultive l'esprit du Grand Véhicule, cet esprit unique en son genre, réalise à chaque instant la vacuité, et toutes ses pratiques, de même que ses pensées, sont celles du Véhicule Unique. S'il a recours à la seule sagesse de la vacuité, il se déplace dans le véhicule de la sagesse comme dans celui de l'accumulation des mérites. Quand la sagesse est son véhicule, le bodhisattva se confie, pensée après pensée, à la spontanéité ; il se confie aux activités naturelles de l'Éveil et prend sur soi la charge de tous les êtres pour leur faire traverser le fleuve des trois mondes, le fleuve des émotions négatives patentes et latentes, ainsi que le fleuve de la naissance et de la mort. Le pratiquant prend place dans le véhicule et assume tout ce dont les activités éveillées le chargent, tandis que le véhicule de la sagesse l'emporte dans l'océan de la bouddhéité. Le Grand Véhicule ne consiste donc pas à se charger de tous les êtres qui n'ont pas encore atteint la sagesse de la vacuité. Cela, c'est seulement leur permettre de traverser l'océan de la souffrance.

L'enfant des bouddhas qui s'adonne au sans-caractéristique se libère dans l'oubli des caractéristiques, lequel n'est pas autre que la connaissance transcendante dans tout son éclat. Tous les phénomènes issus du karma et des émotions négatives des trois temps participent de l'unité et de la vérité du fait même de leur ainsité. Quand le bodhisattva pratique la vacuité du néant de la naissance, il sait qu'en matière de bouddhéité il est l'égal de tous les bouddhas, et que les sages et les saints sont ses condisciples : nous partageons tous la vacuité de n'être jamais nés et c'est ainsi que l'on pratique le sans-caractéristique.

L'enfant des bouddhas qui s'adonne à la connaissance transcendante de l'ainsité voit que dans l'insondable domaine des choses il n'y a pas de causes qui s'unissent ni de naissance qui s'ensuive. Les émotions négatives qu'il rencontre de vie en vie ne peuvent plus l'enchaîner. Il voit que tous les accès au réel, la voie que les sages ont empruntée et les réalités que les êtres sublimes contemplent relèvent de la même ainsité. Toutes les méthodes habiles que les bouddhas déploient dans leur œuvre de conversion se trouvent concentrées dans son esprit. Il connaît l'efficience des extases perverses qu'inspirent les thèses des voies extérieures et fait bien la différence entre les magies d'un démon qui prêche et celles d'un bouddha qui enseigne. Au cœur de l'union des deux vérités, il n'y a ni unité ni dualité, et il n'y a pas davantage d'agrégats, de domaines ni de sources. Voici la claire lumière de la connaissance transcendante. Illuminant l'essence de chaque chose, elle imprègne chaque chose.

L'enfant des bouddhas qui s'adonne à l'incorruptibilité accède à la sagesse des terres sublimes en se rapprochant de la libération. Il a trouvé la porte principale de l'Éveil et redouble de clartés. Il est maître de ses passions, et sa patience lui permet de se conformer à la vacuité sans que les huit démons[1] puissent l'affecter un tant soit peu. Voici qu'une immense assemblée d'êtres sublimes pose sa main sur le haut de sa tête : ce sont les bouddhas qui l'exhortent à poursuivre sa quête. Une fois dans l'extase de l'imposition de la main, il rejaillit de rayons de lumière qui illuminent les terres de bouddha dans les dix directions de l'espace. Avec toute la majesté d'un bouddha, il plonge aussi librement dans le cercle des morts et des renaissances qu'il s'en extrait pour ébranler un grand chiliocosme. Son esprit ne se trouve pas ailleurs que dans la terre d'Égalité mais il ne connaît pas encore la voie du point de vue médian[2].

---

1. Huit « démons » nous torturent : croire que certaines choses conditionnées sont éternelles, causes de bonheur, dotées d'une essence véritable et pures (ce sont les quatre perversions du réaliste naïf) ; subir la naissance, le vieillissement, la maladie et la mort.

2. Tàixián (p. 695b) explique que les bénédictions de l'esprit permettent au bodhisattva de réaliser que son esprit et la « terre » où il se trouve, la première, ne sont pas choses différentes, mais il ne s'agit pas encore de la réalisation véritable : la voie de sagesse de la vision médiane, voilà la porte du réel.

Dans les rayons de lumière apparaissent d'innombrables terres de bouddha où des bouddhas enseignent le réel. Mais alors, dès qu'il atteint l'extase de l'Apex, il s'envole dans la terre d'égalité de l'espace où ses activités sublimes, liées à la maîtrise absolue de tous les accès au réel, atteignent la plénitude de leur perfection. D'instant en instant, son esprit parcourt la vacuité, et comme la voie médiane qui connaît la vacuité de la vacuité rayonne d'un éclat sans caractéristiques, toutes les caractéristiques disparaissent dans l'ouverture du Recueillement Adamantin[1]. Ce retour à toutes les pratiques signe l'entrée dans la terre d'égalité de l'espace, ainsi qu'on en trouve l'explication détaillée dans le « Soûtra des Fleurs de l'Éveillé[2] ».

Le bouddha Vairochana poursuivit sa réponse aux mille bouddhas, cette fois sur le sens des dix terres :

L'enfant des bouddhas, le bodhisattva qui accède à la terre essentielle de la Connaissance de l'Égalité atteint la plénitude de la fleur et de l'éclat en toutes ses pratiques, qu'il s'agisse de la vision du réel ou des secours que cette vision lui permet d'apporter aux autres. Il est riche des quatre fruits célestes[3] et les activités du réel lui permettent d'aider tous les êtres et de les convertir dans l'absolu qui n'a ni méthode ni lieu. Doté des pouvoirs extraordinaires, des dix forces, des dix noms et des dix-huit qualités exclusives[4], il réside dans une terre pure de

---

1. Ssk *vajropama-samâdhi*, chn *jingàng sanmèi*. Au sortir de cette extase qui couronne toutes les voies « où l'on s'entraîne », le bodhisattva est bouddha.

2. Il peut s'agir du *Soûtra de l'Ornementation Fleurie* (ssk *Avatamsaka*, chn *Huáyánjing*) et plus particulièrement de son dernier « livre », « L'entrée dans la dimension absolue », autrement connu sous le nom sanskrit de *Gandavyûha*.

3. Pour Tàixián (p. 695b), ces « quatre fruits » désignent les effets de pleine maturité des actes (chn *bàoguǒ*). Il est intéressant de comparer les dix terres du *Filet* et celles de l'*Ornementation Fleurie* : les premières semblent constituer le noyau séminal des secondes.

4. *Cf.* Sengzhao p. 44, n. 1 pour connaître le détail de ces qualités « réservées » aux bouddhas que le présent soûtra explique aussi à sa façon.

bouddha où il forme d'innombrables prières d'aspiration. Aussi éloquent qu'intrépide, il se sait capable d'expliquer toutes les théories et de parfaire toutes les pratiques.

Né dans une famille bouddhiste, il quitte la vie de famille et prend place dans la terre de sa nature de bouddha où, finalement, il n'est plus un seul obstacle soumis à la causalité vulgaire qu'il doive subir. Tout à la joie de la grande félicité, il quitte sa terre de bouddha pour visiter d'innombrables terres de bouddha et il sort d'une ère cosmique pour en fréquenter d'innombrables autres. Il rend dicibles les qualités les plus indicibles et, renversant son regard, il contemple toutes choses, aussi bien celles qui désobéissent au réel que celles qui s'y conforment. Constamment il fréquente les deux vérités et, lorsqu'il se tient au cœur de la vérité absolue, il lui suffit d'un seul instant de sagesse pour connaître la juste succession des dix terres. Il expose alors les qualités de chaque terre à tous les êtres sans que jamais la moindre de ses pensées ne dévie de la voie médiane.

Il lui suffit d'un seul instant de sagesse pour connaître toutes les particularités de chaque terre de bouddha, de même que les enseignements que chaque bouddha y dispense, sans que son corps ou son esprit subissent la moindre modification. Il lui suffit d'un seul instant de sagesse pour connaître les douze facteurs de la production interdépendante et les dix actes négatifs dans leur essence, bien qu'il demeure constamment sur la voie des actes positifs. Un instant de sagesse lui montre ce qui est et ce qui n'est pas. Un instant de sagesse lui permet d'accéder à chacune des dix qualités de la concentration et à chacun des trente-sept auxiliaires de l'Éveil pendant qu'il manifeste des corps formels dans les six destinées du samsâra. Un seul instant de sagesse lui permet de comprendre et de susciter clairement et distinctement n'importe quelle forme dans n'importe quelle région de l'espace. Il entre alors dans les formes reçues en rétribution et, d'instant en instant, sa conscience à l'abri de tout lien rayonne de lumières qui tout illuminent. C'est donc ainsi que la patience née de la foi dans le néant de la naissance, autrement dit la connaissance directe de la vacuité, lui est constamment manifeste. Comme il pratique en un seul instant tous les accès au réel possibles depuis les premières terres jusqu'à la sphère des bouddhas, ce n'est qu'une pointe de cheveu ou une simple goutte d'eau de l'océan que je viens de vous dire au sujet des pratiques et des vœux de l'océan-trésor de qualités de la terre de l'Égalité.

L'enfant des bouddhas, le bodhisattva établi dans la terre essentielle de la Connaissance du Bien est si pur qu'il comprend et réalise toutes les racines de bien : la bienveillance, la compassion, la joie et l'impartialité qui, sous l'égide de la connaissance transcendante, constituent le fondement de toutes les qualités. Au fil de la contemplation, il accède à la suprême connaissance de la vacuité et, au sein même de la sagesse de la voie des méthodes habiles, il voit qu'il n'est pas un seul être qui ne soit soumis à la vérité de la souffrance du simple fait qu'il possède un esprit sensible. Les trois destinées inférieures, les lames, les bâtons, toutes ces causes de souffrance et d'angoisse sont éprouvées comme telles par la conscience.

Ce qu'on appelle « vérité de la souffrance » décrit la souffrance sous trois aspects. Il y a d'abord cette première sensation qui naît entre le corps et le coup, lesquels appartiennent à l'agrégat des formes : ce type de souffrance est inhérent à tous les objets conditionnés. Vient ensuite un jeu de sensations plus mentales qui trouvent leurs causes dans le corps : les plaies laissées par les coups s'infectent. Ce redoublement de douleur a donc reçu le nom de « souffrance de la souffrance ». Enfin, combinaison de sensations et de formations mentales, il y a la souffrance qu'on éprouve lorsqu'on voit que les abcès ne sont là que pour accompagner la dégénérescence du corps et de l'agrégat des formes : ainsi la « transformation » est-elle une autre cause de souffrance. Ces trois sensations provoquent trois états successifs dans l'esprit, que l'on pourrait bien appeler «souffrance de la souffrance de la souffrance».

Tous les êtres pourvus d'un esprit peuvent constater que ces trois formes de souffrance donnent lieu à d'innombrables douleurs et angoisses. En conséquence, le bodhisattva entre dans l'extase de la voie où l'on enseigne et convertit au sein même de la souffrance. Manifestant tous les corps formels possibles dans les six destinées, il recourt aux dix aspects de l'éloquence pour enseigner tous les accès au réel[1].

Il dit : D'une part la conscience de la souffrance et sa cause – des objets comme une lame ou un bâton –, et d'autre part la conscience de la souffrance, son opération dans le corps et les causes de dégénérescence comme furoncles et abcès : ces deux séries d'éléments tactiles intérieurs et extérieurs peuvent être, ou non, réunis au complet. Dans le cas où ils le sont, cette conscience peut naître avec sa fonction et sa sensation, ainsi que la conscience tactile concomitante, et c'est cela que la «connaissance de la souffrance». Issue d'un double jeu de circonstances, chaque pensée de souffrance conditionne le corps ; et quand chaque pensée devenue source d'angoisse se laisse infecter par le poison des émotions négatives, c'est la «souffrance de la souffrance». Les états de conscience, qui sont d'ordre mental, commencent par des sensations physiques – ici la sensation de douleur. Tant que la fonction psychique, la sensation, la conscience tactile et le contact ne sont pas infectés par le poison des émotions négatives, on peut parler de «souffrance du conditionné». Ces sensations forcées ne font que

____

1. L'éloquence du bodhisattva est un effet de la liberté de sa parole, de même que ses multiples apparitions dans les six destinées expriment la liberté de son corps, et ses extases au sein même de la souffrance la liberté de son esprit. Son éloquence porte sur dix «points» : 1. la singularité, ou les choses, 2. la similitude, ou l'absolu, 3. la pratique, 4. l'enseignement, 5. la sagesse, 6. l'absence de la présomption du moi, 7. le Petit et le Grand Véhicules, 8. les terres des bodhisattvas, 9. la terre des tathâgatas, et 10. la fonction de rester dans le monde pour préserver le Dharma. Il en a toujours été ainsi – comme l'explique le *Traité des Dix Terres* d'Asanga, cité par Tàixián, p. 696a.

naître et s'éteindre dans le corps-esprit, à l'image des étincelles qui jaillissent du silex. Le corps se désagrège et s'altère jusqu'à se transformer complètement. La conscience se mêle aux causes de dégénérescence et celles-ci s'agrègent et se désagrègent, entraînant dans l'esprit angoisses et souffrances. La sensation douloureuse laisse un peu de sa couleur dans l'esprit qui, de pensée en pensée, ne peut plus s'en libérer : telle est la «souffrance liée à toute transformation». Or les trois mondes sont soumis à la vérité de la souffrance sous tous ses aspects.

Le bodhisattva poursuit : Vous devriez alors voir l'ignorance réunir les innombrables processus psychiques qui se trouvent à l'origine de la multiplicité des actes. Ces choses se suivent et s'enchaînent en créant des causes et en formant des habitudes : voilà la vérité de l'origine de la souffrance. La vue correcte de la libération, autrement dit la voie de sagesse des deux vacuités à chaque instant des voies de vision et de méditation[1], voilà la vérité de la cessation de la souffrance en tant que voie de sagesse. Quand les causes de souffrance et leurs effets se sont épuisés, il n'est plus que la radieuse pureté de l'essence du réel : voilà l'unique vérité de la cessation de la souffrance, l'extinction dans la paix selon la sagesse merveilleuse[2]. Les racines de bien sont des «racines» dès lors que tous les éléments de la connaissance transcendante sont réunis : susciter la vacuité et entrer dans la contemplation de l'essence de tous les actes de connaissance transcendante, voilà les racines de bien du débutant.

---

1. Les «deux vacuités» désignent donc l'irréalité du moi individuel et l'insubstantialité de tous les éléments du réel. Quant aux «voies de vision et de méditation», ce sont respectivement la première terre des bodhisattvas (selon le Huáyán) et les neuf autres. Sur la voie de la vision, le bodhisattva «voit», ou perçoit directement les deux vacuités, et sur la voie de la méditation, il intègre cette vision au vœu et à l'œuvre d'instruire et transformer tous les êtres sans exception.

2. Cette sagesse est dite «merveilleuse» pour bien la distinguer de ce dont elle est le fondement et la condition nécessaire : l'intelligence – même exceptionnelle. Sans cette sagesse, l'extinction dans la paix du nirvâna ne serait que néant. Ici, la fin des souillures cède la place à l'espace de la grande compassion.

Ensuite, le bodhisattva considère le renoncement à toutes les formes d'attachement en pratiquant le renoncement où tout est égal et vide. Dans sa méditation sans objet, il contemple la vacuité et l'unité de toutes choses. Il voit que l'élément terre des mondes de tous les espaces n'est autre que la terre qui entra dans la composition de son corps lors de ses existences précédentes ; que l'élément eau des quatre océans n'est autre que l'eau dont il était fait autrefois ; les flammes d'une fin d'ère cosmique l'élément feu qui brûla dans ses corps passés ; tous les souffles de la sphère du vent les souffles qui l'animèrent jadis. Il se dit alors que, à présent qu'il a accédé à cette terre, il a un corps de Dharma parfait. Il a abandonné son vieux corps et plus jamais il ne renaîtra dans un corps impur composé des quatre éléments. Voilà qui rassemble tous les facteurs du renoncement.

En troisième lieu, le bodhisattva considère tous les êtres qu'il peut aider et leur offre ce qui rend heureux les hommes et les dieux ; il leur offre le bonheur des dix terres, le bonheur d'échapper à la peur des dix actes négatifs, le bonheur d'atteindre l'extase de la Fleur Merveilleuse[1], et ainsi de suite jusqu'au bonheur de la bouddhéité. Cette contemplation lui permet de réaliser la perfection de la bienveillance sous tous les aspects.

Ainsi fermement établi dans cette terre, le bodhisattva est libre de l'ignorance, de l'attachement et de la colère. Il accède à la sagesse de l'égalité et de l'unité de la vérité, la racine même de toutes les pratiques, et, en parcourant les univers des bouddhas, il manifeste d'innombrables semblances de son corps absolu comme il est expliqué au chapitre intitulé « Tous les êtres sont des fleurs célestes ».

---

1. En tant que racine de la bienveillance parfaite, la pratique du recueillement de la Fleur Merveilleuse est la cause de toutes les extases du Véhicule Unique. Elle suscite une sagesse qui « donne accès à la voie médiane de l'essence du réel, là où tous les enseignements et toutes les réalités trouvent leur adamantine perfection. » *Cf. inf.* p. 53.

L'enfant des bouddhas, le bodhisattva établi dans la terre essentielle de la Claire Lumière connaît, avec la sagesse du recueillement d'extase qui tout comprend, l'ensemble des enseignements prodigués par les bouddhas des trois temps tels que les douze genres littéraires du Dharma[1] les ont consignés en énoncés aussi célèbres que savoureux. À savoir : les reprises en vers, les prédictions d'Éveil, les discours directs ou soûtras, les stances isolées, les enseignements non requis, les circonstances, les apologues, le monde du Bouddha, les histoires d'autrefois, les textes intégraux, les choses inouïes et les discussions théoriques. L'essence de ces enseignements est la même par le nom, « Dharma », mais elle se diversifie par le sens des différents enseignements.

Parmi ces énoncés aussi célèbres que savoureux, on peut lire que tous les phénomènes conditionnés viennent à l'être chacun selon son karma. Tout commence – pour les êtres animés – lorsque la conscience s'introduit dans l'embryon. Le nom et la forme suivent le développement des quatre grands éléments, et lorsqu'ils se modulent en six pour séjourner dans les facultés, ils provoquent le sentiment de réalité. Le contact précède la différenciation en agréable et désagréable ; suit la sensation, qui est triple et peut être agréable, désagréable ou bien neutre. Se répétant, les sensations créent l'attachement, et les sensations n'ont pas de fin. La soif, le mot « moi », les opinions et la discipline sont prétextes à appropriation : voilà le bien et le mal dont est fait l'être-en-devenir. Le premier instant de conscience porte alors le nom de naissance, et le dernier instant de conscience le nom de mort. Ces dix facteurs dé-

---

1. Les dictionnaires parlent généralement des « douze divisions du canon du Grand Véhicule », ce qui est inexact. Voici les originaux sanskrits de la liste ci-dessus : *geya*, reprise en vers mnémoniques d'un précédent développement ; *vyâkarana* ; *sûtra* ; *gâthâ* ; *udâna* ; *nidâna* qui, ici, décrivent les règles de discipline ; *itivrittaka* ; *jâtaka* : les existences antérieures du Bouddha ; *avadâna* : vies de grands pratiquants ; *vaipulya* : les grands soûtras plus que détaillés ; *adbhûtadharma* ; et *upadesha* : la théorie et les instructions spéciales.

crivent la souffrance au présent ; ce sont des circonstances qui, bien analysées, permettent de connaître leurs effets[1].

Sur la voie médiane que ces pratiques représentent, il y a déjà très longtemps – pense le bodhisattva – que je me suis détaché de toutes choses, et je n'ai, moi-même, pas d'essence qui me soit propre. Entré dans la claire lumière, les pouvoirs extraordinaires, les formules de mémoire et l'éloquence ornent chacune de mes pensées qui foncent dans le vide, tandis que dans les terres de bouddha de tous les espaces je manifeste des prodiges : d'une ère cosmique je fais cent, je fais mille ères cosmiques. Dans tous les univers je nourris mes pouvoirs extra-ordinaires en rendant hommage aux bouddhas avec vénération et en recevant d'eux le Dharma et les conseils les plus avisés. Puis je m'incarne dans les six destinées. D'un seul son je prononce d'innombrables enseignements et chacun entend ce qui plaît à son cœur selon son karma. Ce son est celui de la seule vérité : que tout est douloureux, vide, impermanent et insubstantiel. Dans les différents univers, le bodhisattva aide les êtres selon leurs particularités corporelles et psychiques.

Ces quelques mots sur la terre de la Claire Lumière, qui resplendit de merveilles, ne sont qu'une pointe de cheveu de tout ce que l'on pourrait en dire, comme le laisse entendre le chapitre du présent soûtra intitulé « Les mille extases de l'accès au réel par l'analyse et les catégories ».

L'enfant des bouddhas, le bodhisattva établi dans la terre essentielle des Objets de la Connaissance – les vérités absolue et relative – les connaît comme n'étant ni éternité ni néant ; il les voit naître et en même temps durer, et en même temps

---

1. Les douze facteurs de la production interdépendante moins l'ignorance (ssk *avidyâ*) et les formations karmiques (*samskâra*). Sur la production interdépendante (*pratîtya-samutpâda*), ou « vacuité », il existe une foison de textes en français que le lecteur aura avantage à consulter. Dans le *Soûtra de la Pousse de riz* (ou *du Riz en herbe*), Maitreya explique à Shâriputra l'essence introuvable de chaque facteur de production (*nidâna*) et de l'ensemble du processus. *Cf. Soûtra du Diamant*, p. 97 *sq.*

disparaître ; cela occupe des âges, cela prend un instant, une fraction d'être. Les semences sont toutes différentes, et différentes sont les apparences. Ainsi la production interdépendante, autrement dit la voie médiane, n'admet ni l'unité ni la dualité. Le bien et le mal n'existent pas, et comme il n'y a ni êtres ordinaires ni bouddhas, faire la différence entre la sphère des bouddhas et la sphère des êtres ordinaires, c'est cela qu'on appelle « vérité relative ». La voie de la sagesse montre qu'il n'y a pas plus d'unité que de dualité.

Le recueillement extatique occupe une place prépondérante dans la voie des mystères, et il s'impose de comprendre pourquoi le recueillement de concentration dans le premier éveil est la cause de l'activité de l'esprit des bouddhas. Le recueillement lui-même exige la réunion de dix conditions de la sensibilité : la foi, la réflexion, la méditation sereine, l'élévation, l'attention-mémoire, la connaissance transcendante, la force d'analyse, la souplesse extatique, la joie et la neutralité[1]. Ces éléments forment la voie des méthodes habiles où, d'instant en instant, le bodhisattva accède au fruit du recueillement. En extase, cet homme est un brasier qui, dénudant la nature des choses, avance dans la vacuité. Si l'extase le recueille dans la pensée, il s'enfonce alors dans un état d'esprit d'où ne jaillit que de l'amour et dans lequel il aide les êtres selon leur voie. Il a atteint la « patience de celui qui trouve son plaisir dans le Dharma », la « patience de rester recueilli en extase », la « patience de la réalisation » et la « patience de l'extinction dans la paix du nirvâna ».

C'est alors que les bouddhas entrent dans l'extase des Ornements de Lumière et manifestent d'innombrables autres bouddhas qui lui imposent la main sur le haut de la tête et l'instruisent d'un seul son qui cent et mille fois lui intime de se

---

1. Ces dix points ne sont pas sans évoquer les dix étais de la concentration. *Cf. sup.*, p. 37-38, n. 1. Ici, l'« élévation » désigne la diligence et l'expression « souplesse extatique » tente de traduire le ssk *prashrabdhi* qui est l'extraordinaire malléabilité du corps et de l'esprit libres de toute distraction.

réveiller, mais le bodhisattva ne sort pas de son extase[1]. Il reste en extase, il jouit de la saveur de l'extase : extase d'attachement, extase de désir ! Pendant une, pendant mille ères cosmiques il reste en extase jusqu'au jour où il aperçoit un bouddha trônant sur un lotus qui prodigue des enseignements par centaines. Le bodhisattva lui rend alors hommage ; il lui fait des offrandes et l'écoute puis rentre en extase pour une autre ère cosmique.

Les bouddhas peuvent enfin lui imposer la main sur le haut de la tête dans un jaillissement de lumières, et cette fois ils le réveillent en évoquant les qualités mêmes de son recueillement extatique : sortie, avance et direction. La «sortie» lui permet de ne plus sombrer et de ne plus reculer ; l'«avance» de ne pas retomber ; et la «direction» de ne pas stagner[2]. Cette méthode de l'extase de l'Apex produit la patience de la félicité suprême, une perfection éternelle et absolue qui emporte le bodhisattva dans toutes les terres de bouddha où il médite et pratique d'innombrables mérites et vertus. Dans la claire lumière de chacune de ces pratiques, il accède aux méthodes habiles en expédients pour aider tous les êtres et les instruire de sorte qu'ils puissent voir l'essence de la bouddhéité qui est éternelle, heureuse, substantielle et pure[3]. Du seul fait qu'il aide ainsi les autres, l'homme qui a repris naissance dans cette quatrième terre s'enfonce toujours plus dans la profonde contemplation de la Fleur Merveilleuse dont la sagesse donne accès à la voie médiane de l'essence du réel, là où tous les enseignements et toutes les réalités trouvent leur adamantine perfection. Or tout

---

1. *Cf.* la description des mêmes «faits» dans la terre «Immobile», la huitième terre du Huáyán. *Soûtra des Dix Terres*, p. 165 *sq.*

2. Ne plus sombrer dans le samsâra, ne plus reculer en nirvâna ; ne pas retomber dans les deux véhicules inférieurs ; et ne pas stagner dans la phase causale. *Cf.* Tàixián, p. 697b.

3. Vue la plus élevée du Grand Véhicule qui sera développée le plus clairement dans le *Soûtra de la Grande Extinction Ultime* (*Mahâparinirvâna-sûtra*), dans le *Traité du Continuum sans supérieur* (*Anuttaratantra-shâstra*) et tous les tantras. *Cf. sup.*, Introduction, et Sengzhao, p. 297, n. 1.

cela a été précédemment expliqué au chapitre de « La voie du soleil et de la lune ».

L'enfant des bouddhas, le bodhisattva établi dans la terre essentielle de l'Éclat de la Connaissance observe l'émergence de dix forces[1] tandis qu'il se livre à des pratiques d'où jaillissent toutes les qualités. L'union de la connaissance unifiante et des méthodes habiles lui permet de bien faire la différence entre les bons et les mauvais karmas : telle est la force de ce qui a lieu d'être. Il a la force de connaître les effets des actes bons et mauvais. La force de connaître le but vers lequel chaque être pris dans les six destinées tend en fonction de ses désirs, sa quête et ses aspirations. La force de connaître toutes les facultés, bonnes et mauvaises, ainsi que les différences subtiles qui font la richesse de toutes ces facultés. La force de reconnaître les extases perverses, les justes extases, les non-extases et les soi-disant extases. La force de connaître toutes les voies et tous les véhicules : que telle cause mène à tel effet, et jusqu'où tel ou tel véhicule peut aller. La force de l'œil divin que lui confèrent les cinq yeux[2] pour contempler toutes les réalités et tous ceux que la naissance afflige. La force de connaître chacune de ses vies antérieures sur des centaines d'ères cosmiques. La force de la libération qui lui permet de connaître la fin de toute émotion négative et de toute ignorance. Voilà donc une sagesse répartie en dix forces qui permettent au bodhisattva de connaître non seulement les tenants et les aboutissants de sa propre méditation mais aussi le détail du karma de chaque être.

Pendant ce temps, il fait un usage particulier de son corps, de son esprit et de sa parole : il transforme les univers purs en univers impurs et les univers impurs en terres de toutes les félicités ; il sait détourner le bien en mal et le mal en bien, transformer la forme en non-forme et la non-forme en forme,

---

1. *Cf.* Sengzhao, p. 44, n. 1.

2. Les « cinq yeux » sont l'œil de chair, l'œil divin, l'œil de la connaissance transcendante, l'œil du réel et l'œil de bouddha.

l'homme en femme et la femme en homme, les six destinées en autre chose que les six destinées et autre chose que les six destinées en six destinées. Et il peut même transformer la terre, l'eau, le feu et l'air en autre chose que terre, eau, feu et air. Cet homme est alors doué de la grande force des méthodes habiles : s'ils voyaient ces prodiges, les êtres ne parviendraient toujours pas à les concevoir, fussent-ils des bodhisattvas des terres inférieures. La grande sagesse lumineuse de cet homme évolue à chaque étape, en connaît chaque partie, rejaillit de lumières innombrablement innombrables, et c'est un nombre indiciblement ineffable d'accès au réel qui toujours à lui se présentent.

L'enfant des bouddhas, le bodhisattva établi dans la terre essentielle du Rayonnement Fleuri peut manifester à tous les êtres qui peuplent tous les mondes les multiples métamorphoses que lui permettent les dix pouvoirs extraordinaires de la claire sagesse[1]. La claire sagesse de l'œil divin lui permet de voir toutes les formes, jusqu'aux particules les plus infimes, ainsi que chacune des parties qui composent le corps de chaque être dans chacun des six mondes, et non seulement dans tous les univers mais aussi bien au passé et au présent que dans le futur : la connaissance de chaque partie ayant forme et couleur de la matière qui intervient dans les particules dont chacun de ces corps se compose. La sagesse de l'oreille divine lui permet d'entendre tous les êtres des six destinées dans les dix directions de l'espace et les trois aspects du temps : leurs lamentations comme leurs cris de joie, la négation de la négation des sons, la négation de la négation des voix et des bruits qui se dégagent de toutes choses[2]. La sagesse du corps divin lui permet de connaître toutes les formes ainsi que la négation de ces formes,

---

1. Il s'agit des six pouvoirs de connaissance extraordinaires (ssk *abhijña*, chn *shéntong*) augmentés de quatre « versions divines » du corps, de la libération, de l'extase et des vœux d'aspiration. *Cf.* Sengzhao, p. 33, n. 2.

2. Il entend les sons, les voix et les bruits ; il reconnaît leur vacuité ; et il reconnaît la vacuité de leur vacuité.

que ceci n'est pas un homme, et cela pas une femme. En un instant il prend la taille des univers de tous les espaces et de tous les temps en traversant des ères cosmiques, et il peut faire son corps de toutes les particules qui composent les petits et les grands univers. La sagesse qui connaît la pensée d'autrui lui permet de savoir tout ce qui se noue et se dénoue dans l'esprit de chaque être aussi bien dans le passé qu'au présent et dans le futur. Et il peut connaître chaque pensée de chaque être des six destinées dans tous les espaces, sa souffrance et sa joie, ses actes bons et mauvais, et ainsi de suite. La sagesse de la divine connaissance d'autrui lui permet de connaître les vies anté-rieures – avec toutes leurs joies et leurs peines – de tous les êtres qui peuplent les univers de tous les espaces et de tous les temps : de chacun il voit clairement les existences successives sur des centaines d'ères cosmiques. La sagesse de la libération divine lui permet de connaître l'histoire de la libération de tous les êtres de tous les espaces et de tous les temps : comment ils éliminent leurs émotions négatives et séjournent, suivant la quantité de ces dernières, successivement dans les dix terres jusqu'à leur épuise-ment complet. La sagesse du divin recueillement lui permet de savoir dans quelles dispositions se trouve chacun des êtres qui peuplent les univers de tous les espaces et de tous les temps : s'il est concentré, s'il ne l'est pas, si son extase est incorrecte ou bien s'il se trouve effectivement en extase ; et il connaît des extases par centaines, ainsi que les méthodes de concentration qui permettent d'entrer en extase. La sagesse de la divine analyse lui permet de savoir lesquels de tous les êtres ont atteint la boud-dhéité et ceux qui ne l'ont pas atteinte. De même lui permet-elle de connaître chacune des pensées qui animent tous les êtres des six destinées, ainsi que les enseignements que les bouddhas de tous les espaces prononcent dans leur cœur. La sagesse de l'attention-mémoire lui permet de connaître la durée des vies successives de tous les êtres aussi bien sur cent que sur mille petites et grandes ères cosmiques. La sagesse des aspirations divines lui permet de connaître chaque vœu que chaque être a prononcé alors qu'il se trouvait dans les dix terres sublimes ou cultivait l'une des trente qualités spirituelles qui précèdent ces dix terres ; elle lui montre si ces vœux ou aspirations tendent vers le bonheur ou la souffrance, s'ils sont ou non conformes au Dharma, et encore si les dix aspirations[1] où sont toutes les prières possibles, ou les séries de grands vœux par centaines et par milliers qu'ils ont formés se sont accomplis.

Établi dans cette terre, le bodhisattva manifeste d'innombrables activités du corps, de la parole et de l'esprit dans la clarté de ses dix pouvoirs extraordinaires. Cependant, cent milliards d'ères cosmiques ne suffiraient pas encore pour énoncer toutes les qualités de cette terre. C'est donc pour répondre au bouddha Shâkyamuni que j'ai abordé la lumière des pouvoirs extraordinaires selon ce qui a été enseigné au chapitre de « La contemplation des douze facteurs de la production interdépendante ».

L'enfant des bouddhas, le bodhisattva établi dans la terre essentielle de la Plénitude accède, dans cette réalité-là, aux dix-huit catégories de la sagesse des êtres sublimes qu'il ne partage pas avec les terres inférieures[2]. Autrement dit, son corps est libre des défauts de toute pollution ; sa voix libre des défauts de la parole ; et sa pensée libre de l'oubli ; il est dégagé des huit préoccupations mondaines[3] ; il connaît tout ce à quoi il a renoncé ; et il se trouve constamment recueilli en extase : ces six qualités lui ont permis d'accéder à la septième terre et se trouvent donc réunies au complet.

---

1. Les « dix aspirations où sont toutes les prières possibles » ramènent l'accumulation de mérites à dix pratiques formulées par le bodhisattva Samantabhadra : 1. rendre hommage aux bouddhas ; 2. chanter leur louange ; 3. leur faire de vastes offrandes ; 4. confesser ses fautes et s'en repentir en leur présence ; 5. se réjouir du bien accompli par les autres ; 6. supplier les bouddhas de faire tourner la roue des enseignements ; 7. les supplier de rester « ici bas » ; 8. étudier sur leurs traces ; 9. toujours s'adapter aux autres ; et 10. dédier tous les mérites.

2. Chn *mânzú*, cette « plénitude » désigne la perfection de toutes les méthodes exigeant effort. À partir de la terre suivante, la pratique est spontanée.

3. Le gain et la perte, l'éloge et le blâme, le renom et le mépris, le plaisir et la douleur : autant de vents dont le souffle n'émeut point le bodhisattva.

Puis de cette sagesse naît la sagesse de six autres plénitudes, à savoir : tous ses désirs sont satisfaits parce qu'il n'a plus à subir les derniers effets des émotions négatives des trois mondes ni des propensions à ces émotions. Il connaît la plénitude de la diligence parce que toutes ses aspirations en matière de qualités et d'enseignement sont comblées. Il connaît la plénitude de l'attention-mémoire parce que, le temps d'une seule pensée, il peut savoir tout ce qui concerne les enseignements, tout ce qui a lieu pendant une ère cosmique ou encore le détail de tout ce que font les êtres animés. Il connaît la plénitude de la sagesse car il voit les caractéristiques des deux vérités ainsi que tout ce qui concerne les êtres des six destinées. Il atteint la plénitude de la libération parce qu'il sait que les êtres qui «se sont mis en route» sur la base des dix décisions n'ont plus d'émotions négatives ni de propensions à ces émotions, et qu'il en est de même pour tous les bodhisattvas et les bouddhas.

Puis il atteint la plénitude des six pouvoirs extraordinaires[1] dont la sagesse lui permet de connaître les autres corps, parce qu'il sait que ses disciples et les disciples des autres maîtres, dégagés de toute pollution, sont libres des émotions négatives et des schémas habituels formés par ces dernières. Une fois dans la claire sagesse de ces six plénitudes, le bodhisattva produit plus de sagesse encore. Son corps se conforme aux formations mentales des êtres des six destinées. Sa voix obéit aux formations mentales de tous les êtres pour montrer à chacun les accès au réel que son éloquence met en mots. Il peut agir sur les formations mentales de tous les êtres parce que, constamment recueilli en extase, il ébranle les univers de tous les espaces en répandant des pluies de fleurs dans le ciel. La plénitude de la grande clarté lui permet de voir tous les bouddhas qui ont honoré le monde de leur présence au cours des ères cosmiques passées, et de les montrer à chaque être dans son cœur. La sagesse qui ne s'attache ni ne croit à rien lui permet

---

1. Lire *liùtongzú* plutôt que, à nouveau, *jiêtuòzú*. *Cf. sup.*, n. 1 de la p. 55.

de connaître tous les mouvements de la pensée – aussi bien des bouddhas que de tous les êtres ordinaires qui animent les univers de tous les espaces. Enfin, la sagesse des pouvoirs extra-ordinaires lui permet de voir tous les bouddhas qui honoreront le monde de leur présence lors des ères cosmiques à venir, ainsi que tous les êtres qui trouveront la voie auprès de ces bouddhas et écouteront leurs enseignements.

D'instant en instant, le bodhisattva établi dans ces dix-huit qualités de l'être sublime se recueille en extase. Les formes, à commencer par les particules qui composent les trois mondes, il les voit comme son propre corps ; il considère tous les êtres animés comme son père et sa mère ; et il constate qu'il possède non seulement toutes les qualités, toutes les lumières spirituelles et toutes les activités des bouddhas particulières à la septième terre, mais aussi tous les accès au réel propres aux huitième et neuvième terres, si bien que dans tous les royaumes de boud-dha il apparaît comme un bodhisattva qui réalise l'Éveil et accède à la bouddhéité, fait tourner la roue des enseignements et joue le rôle de celui qui entre dans la dernière et sublime extinction en transformant et en aidant tous les êtres au sein des univers qui tournoient dans tous les espaces, qui y tour-noyèrent et y tournoieront.

L'enfant des bouddhas, le bodhisattva établi dans la terre essentielle du Rugissement des Bouddhas entre dans le recueille-ment d'extase de la Royauté du Dharma et sa sagesse est comparable à la sagesse d'un bouddha. Comme il s'adonne à l'extase du Rugissement des Bouddhas, il a constamment devant les yeux les portes qui ouvrent sur les recueillements dans les dix grandes formules de science[1] : il entre en extase quand les ornements de lumière résonnent dans son cœur.

---

1. Ces « formules de science » (ssk *vidyâ*, chn *míng*) désignent les « dix portes de sagesse » du paragraphe suivant.

Voici comment sa sagesse connaît directement la vacuité :
par la porte de sagesse de la vacuité intérieure, la porte de
sagesse de la vacuité extérieure, la porte de sagesse de la vacuité
des phénomènes conditionnés, la porte de sagesse de la vacuité
des inconditionnés, la porte de sagesse de la vacuité essentielle,
la porte de sagesse de la vacuité de l'absence de commencement, la porte de sagesse de la vacuité de l'absolu, la porte de
sagesse de la vacuité de la vacuité, la porte de sagesse de la
vacuité de la vacuité de la vacuité et la porte de sagesse de la
vacuité de la vacuité de la vacuité de la vacuité[1]. Les terres inférieures ignorent ces dix accès à la vacuité : la terre d'égalité de
l'espace est indiciblement ineffable.

Bien que la sagesse de la voie des pouvoirs extraordinaires
permette au bodhisattva de connaître en un instant tous les
enseignements jusque dans leurs plus subtiles particularités, il
visite d'innombrables royaumes de bouddha et auprès de
chaque bouddha reçoit enseignements et conseils. Il fait alors
tourner la roue des enseignements pour sauver tous les êtres et
à chacun fait l'offrande de la médecine du Dharma. C'est un
grand maître de Dharma, un grand guide qui élimine les quatre
démons[2], et de multiples métamorphoses de son corps absolu
s'introduisent dans la sphère des bouddhas. Il est du nombre des
bouddhas, il est du nombre des bodhisattvas de la neuvième et
de la dixième terre. Pour nourrir son corps absolu, il s'adonne à
cent mille formules de mémoire, cent mille recueillements
d'extase, cent mille méthodes de diamant, cent mille variétés
de pouvoirs extraordinaires et cent mille histoires de libération.
Ainsi peut-il, au cœur des cent mille formes d'ouverture que

---

1. « Croire à l'existence réelle des choses, écrit le yogi Saraha, c'est se com-
porter comme le bétail, mais croire à leur inexistence, c'est être encore plus bête ! »
Cité par Gampopa, p. 257.

2. Les quatre « démons » ou *mâras* incarnent les émotions négatives, les agrégats d'appropriation, la mort et la distraction. Pour certains, le quatrième démon
est Mâra lui-même, le souverain des dieux qui Commandent aux Métamorphoses
des Autres.

présente l'égalité de l'espace, accéder en un seul instant à toutes les pratiques, car suprême est sa liberté.

Il explique qu'une ère cosmique n'est pas une ère cosmique et que ce qui n'est pas une ère cosmique est une ère cosmique. Il explique que ce qui n'est pas l'Éveil est l'Éveil et que l'Éveil n'est pas l'Éveil. Il explique que ce que ne sont pas les êtres des six destinées est précisément ce qu'ils sont, et ce qu'ils sont, il enseigne qu'ils ne le sont pas. Il enseigne que ce qui n'est pas bouddhéité est bouddhéité et que la bouddhéité n'est pas bouddhéité.

Lorsqu'il entre dans l'extase de l'essence des bouddhas, il retourne l'éclat de la sagesse, le laisse briller dans un sens puis dans le sens opposé, devant, derrière, sur les causes comme sur les effets, dans le vide et dans l'être, et il le laisse briller sur la vérité absolue de la voie médiane. Seuls les bodhisattvas de la huitième terre réalisent cette sagesse. Sur les terres inférieures on en est incapable. Les accès au réel propres à cette terre n'exigent aucun mouvement[1] : on ne peut pas atteindre le réel, on ne peut pas en sortir ni y entrer. Les accès au réel ne naissent ni ne cessent et pourtant ils sont innombrables par-delà toute mesure et indiciblement ineffables. Or c'est à peine une pointe de cheveu ou un cent millième des qualités de cette terre que je viens de vous montrer, comme il a été expliqué au chapitre des « Arhats ».

L'enfant des bouddhas, le bodhisattva établi dans la terre essentielle de l'Ornementation Fleurie de la Bouddhéité[2]

---

1. La huitième terre des bodhisattvas du Huáyán porte le nom d'« Immobile » (ssk *acalâ*, chn *búdòng*) parce que la puissance de la sagesse et des pratiques du bodhisattva qui l'atteint est telle qu'il n'a plus besoin de fournir le moindre effort pour progresser. *Cf. Soûtra des Dix Terres*, p. 167.

2. L'« Ornementation Fleurie » (ssk *avatamsaka*, chn *huáyán*) est un autre nom de la « dimension absolue » (*dharmadhâtu, fâjiè*), laquelle désigne l'unité du vide de l'objet, représenté par le bodhisattva Samantabhadra, et du vide du sujet, représenté par le bodhisattva Mañjushrî. En tant que réalisation suprême, cette dimension non duelle porte le nom de Vairochana dans le *Soûtra de l'Ornementation Fleurie*.

fréquente, hors du temps, le recueillement royal, le libre souverain des recueillements d'extase propres aux tathâgatas, où il adopte la majesté des bouddhas. Dans les trichiliocosmes de tous les espaces, sous dix millions de soleils et de lunes, dans dix millions de mondes à quatre continents, le bodhisattva devient bouddha en un instant. Au même instant il fait tourner la roue des enseignements et passe dans l'extinction ultime. L'instant d'une seule pensée lui suffit pour manifester toutes les activités des bouddhas à tous les êtres animés. Il jouit librement de tous les corps formels, qui sont égaux à l'espace, pourvus des trente-deux marques majeures et des quatre-vingts marques mineures[1]. La claire lumière de la grande compassion illimitée le pare de toutes les marques de beauté. Ni dieu ni homme, ni être des six destinées, il dépasse tous les phénomènes mais fréquente les six destinées où il manifeste d'innombrables corps, parle à l'aide d'innombrables voix et pense d'innombrables pensées. Comme il prodigue d'innombrables enseignements, il peut transformer la sphère des démons en sphère des bouddhas et la sphère des bouddhas en sphère des démons. Il peut transformer n'importe quelle opinion en vue de bouddha et n'importe quelle vue de bouddha en opinion. Il peut transformer la nature de bouddha en nature d'être ordinaire et la nature d'être ordinaire en nature de bouddha. Sur cette terre la lumière succède à la lumière dans l'éclat de la lumière et l'éclat de la connaissance succède à la connaissance : quel radieux brasier ! Radieux brasier des intrépidités, démesure des dix forces et des dix-huit qualités exclusives ! Comme est pure la voie une de l'inconditionné, la libération, le nirvâna !

Considérant chaque être comme son père ou sa mère, son frère ou sa sœur, le bodhisattva lui enseigne le Dharma pendant toutes les ères cosmiques qui lui apporteront le fruit de l'Éveil. Par ailleurs, il se manifeste dans tous les univers sous l'aspect de n'importe quel être animé que l'on verra comme son père ou

---

1. *Cf.* Sengzhao, p. 40 et Chenique, p. 320 *sq.*

sa mère. Il prend l'aspect des dieux et des esprits en agissant avec eux comme un père ou une mère. Sur cette terre, il suffit d'un instant pour manifester toutes ces choses qui partent du cercle des morts et des renaissances pour s'élever jusqu'au Recueillement Adamantin et s'introduire dans d'innombrables mondes peuplés d'êtres vivants. Or cela passe toute mesure et je ne vous ai ici livré qu'une goutte de cet immense océan.

L'enfant des bouddhas, le bodhisattva établi dans la terre essentielle de l'Entrée dans la Sphère des Bouddhas est à présent maître de la suprême connaissance de la vacuité qui est elle-même vide d'une vacuité vide aussi et évoque l'espace. La sagesse de l'égalité, qui a pour nature l'essence des ainsi-allés, est riche de dix qualités[1].

Dans l'essence une et inconditionnée de ce qui est égal de par sa vacuité, il y a une simple substance spirituelle et vide où les phénomènes se présentent comme le réel : d'où le nom d'« Ainsi-Venu » qu'à présent mérite le grand bodhisattva.

En harmonie parfaite avec les quatre et les deux vérités[2], le bodhisattva atteint les limites du cercle des morts et des renaissances ; comme pour lui les nourritures spirituelles et le corps absolu ne sont point différents, il mérite le nom de « Digne d'offrandes ».

La juste sagesse, sagesse de la sublime libération qui embrasse tous les possibles au sein des trois mondes, permet au

---

1. Les « dix noms » (chn *shíhào*) ou titres d'un bouddha sont difficilement traduisibles. Voici les originaux sanskrits de la liste ci-dessus : 1. « Ainsi-Venu » ou « Allé », en ssk *tathâ- (â) gata > tathâgata* ; 2. « Digne d'offrandes », ssk *arhat* < racine *arh*, « mériter », que d'aucuns interprètent comme *ari-han*, « tueur de l'ennemi (les émotions négatives) » ; 3. *samyak-sam-buddha* ; 4. *vidyâ-carana-sampanna* ; 5. *sugata* ; 6. *lokavit*, « qui connaît le(s) monde(s) », en chinois *shìjiàn-jiê*, mais ici interprété comme *shìjiàn-jiêtuò* : « qui libère le(s) monde(s) » ; 7. *anuttara* ; 8. *purusha-damya-sârathi* ; 9. *shâstâ deva-manushyânâm* ; et 10. *buddha-lokanâtha*.

2. Les « quatre vérités » sont les vérités de la souffrance, de l'origine de la souffrance, de sa cessation et de la voie qui mène à cette cessation. Les « deux vérités » désignent la vérité absolue et la vérité relative.

bodhisattva de connaître l'être ou le non-être de toutes choses de même que les facultés de chaque être animé : aussi mérite-t-il le nom d'« Éveillé Authentique et Parfait ».

Comme sa méditation l'a emmené de clarté en clarté, il atteint la complétude de tout savoir au moment du fruit de bouddhéité et mérite le nom de « Parfait quant aux Sciences et aux Pratiques ».

Il excelle à partir en quête des enseignements des bouddhas des trois temps et les enseignements qu'il dispense sont les mêmes que les enseignements des bouddhas qui l'ont précédé, si bien qu'il est aussi bon que les bouddhas quittent ce monde qu'ils y reviennent, d'où le nom de « Bien-Allé ».

Le bodhisattva pratique les vertus supérieures et dans le monde il aide et instruit les êtres de sorte qu'ils se libèrent tous des liens de leurs émotions négatives, d'où le nom de « Libérateur des Mondes ».

En toutes choses, le bodhisattva entre dans la majesté spirituelle des bouddhas ; par l'aspect comme par l'allure il évoque les grands êtres parfaitement éveillés qui libèrent les mondes, d'où le nom d'« Être Suprême ».

Comme il dompte tous les êtres animés, le voici « Cocher qui Dompte les Héros ».

Comme dans les mondes céleste et humain il aide et instruit tous les êtres en leur prodiguant conseils et enseignements, il mérite le nom d'« Instructeur des Hommes et des Dieux ».

Et enfin, le principe des merveilles étant non duel, le mystérieux éveil de la bouddhéité est une grande perfection constante que tous les êtres honorent de leurs prosternations : le bodhisattva mérite alors le nom de « Bouddha Vénéré des Mondes ».

On parle ici de « terre de bouddha » parce que tous peuvent y recevoir enseignements et conseils, et encore de « terre de la Sphère des Bouddhas » parce que c'est ici que se rendent tous les êtres sublimes.

Le bodhisattva prend alors place sur un précieux trône de lotus et tous se réjouissent de l'annonce de son prochain Éveil[1]. Le corps absolu tend la main pour la poser sur sa tête et ses condisciples bodhisattvas, témoins de la scène, chantent sa louange d'une seule voix. Tous les bouddhas et les bodhisattvas de dix milliards d'univers se rassemblent comme une immense nuée et lui demandent de faire tourner la roue d'enseignements en nombre indicible, des accès au réel pareils au trésor de l'espace pour aider et guider tous les êtres, car sur cette terre il y a des enseignements dont il est impossible de décrire le caractère extraordinaire et merveilleux – d'extraordinaires et merveilleux accès au réel par les extases dans les trois sciences claires[2] et les formules de mémoire, des réalités qui dépassent la conscience et l'esprit des êtres ordinaires. Seuls les bouddhas, dont le corps, la parole et l'esprit passent toute mesure peuvent en connaître les tenants et les aboutissants, comme il est expliqué au chapitre du «Ciel de Suprême Lumière» à propos des dix intrépidités et de l'Éveil du Bouddha.

---

1. On peut lire une description du «même instant», autrement plus détaillée, dans le *Soûtra des Dix Terres*, ch. X, p. 209.

2. Les «trois sciences claires» désignent trois des six pouvoirs de connaissance extraordinaires : l'œil divin, la connaissance des autres vies et la connaissance de tous les antidotes. *Cf.* Sengzhao, p. 454.

II

Le bouddha Vairochana venait de révéler une pointe de cheveu des terres de l'esprit en ouvrant à l'intention des grandes assemblées d'imprononçables portes sur le réel, aussi nombreuses que les grains de sable de cent mille Ganges, comme tous les bouddhas du passé l'avaient fait, comme le feront les bouddhas du futur et comme les bouddhas présents le font, de ces terres de l'esprit que les bouddhas des trois temps étudièrent, étudieront et étudient.

— J'ai moi-même médité sur ces terres de l'esprit où j'ai reçu le nom de Vairochana. Ô bouddhas, reprenez ce que je vous ai enseigné à leur sujet et ouvrez à tous les êtres la voie des terres de l'esprit !

Le monde Trésor de la Terrasse du Lotus rejaillit alors de célestes lumières et, sur son trône de lions, le bouddha Vairochana se mit à briller comme le soleil tandis qu'il s'adressait aux bouddhas assis sur les mille pétales du lotus :

— Saisissez-vous de mon chapitre de « L'accès au réel par les terres de l'esprit » et transmettez-le pour le bien des dix milliards de bouddhas et de tous les êtres. Enseignez-leur dans le bon ordre tous les détails de cet « accès au réel par les terres de l'esprit », et vous-mêmes, recevez ce texte, préservez-le, lisez-le et récitez-le en le pratiquant de tout votre esprit.

Les bouddhas des mille pétales et les dix milliards de bouddhas se levèrent de leurs trônes de lions qui étincelaient dans le
monde Trésor du Lotus. Chaque bouddha prit congé en s'incli-
nant profondément et, comme il se redressait, d'inconcevables
rayons de lumière émanèrent de son corps, se transformant en
bouddhas sans nombre qui, tous ensemble, faisaient au bouddha
Vairochana l'offrande d'innombrables fleurs bleues, jaunes,
rouges et blanches. Quand chaque bouddha eut reçu le
chapitre de «L'accès au réel par les terres de l'esprit», le serrant
contre son cœur il disparut du monde Trésor du Lotus.
Disparaissant, chacun de ces bouddhas entra en extase dans le
recueillement des Motifs Lumineux de l'Espace Essentiel et
s'en retourna dans son monde d'origine, sous l'Arbre d'Éveil
d'une Île aux Jambosiers. Alors, sortant de cette extase, ce
bouddha s'assit parfaitement sur le trône royal d'où émanaient
mille rayons de diamant, puis de là rejoignit le temple du
Rayonnement Merveilleux où il instruisit dix océans de
mondes.

Il se leva de son siège puis se rendit au palais d'Indra où il
enseigna les dix stations[1]. De nouveau il quitta son trône pour

---

1. Ici, le *Filet de Brahmâ* et l'*Ornementation Fleurie* s'entremêlent. Dans cette
dernière collection de textes, les douze premiers livres décrivent l'Éveil du Bouddha dans la sphère visionnaire ici appelée «temple du Rayonnement Merveilleux»
qui, physiquement, peut se ramener au Trône de Diamant sous l'Arbre de l'Éveil
d'une Île aux Jambosiers. Les livres suivants décrivent la montée du Bouddha jusqu'à la cime du mont Mérou où se trouve le palais d'Indra (13), les vers qu'il
récite (14) et les dix stations qu'il enseigne (15). On appelle «station» l'accès à la
connaissance transcendante et «terre» les qualités qui rejaillissent de cette illumination. Dans le grand jeu de poupées russes du réel, la première station, «Éclo-
sion de l'Idée» – de devenir bouddha pour le bien de tous les êtres – résulte de
la combinaison de dix formes de foi dans l'Éveil. La dixième station est, comme
la dixième terre, le théâtre d'une majestueuse initiation où la sagesse consacre roi
le prince. Dans le palais d'Indra il est ensuite question, aux livres 16-18 de l'*Ornementation Fleurie*, de la pratique de la chasteté intérieure (*brahmâcarya*), des
mérites inconcevables qui jaillissent d'un esprit qui engendre l'esprit d'Éveil pour
la première fois, puis d'une monstration du réel. Aux livres 19 et 20, le Bouddha
rejoint le ciel des dieux Yâma (qu'il ne faut pas confondre avec Yama, le roi des
enfers), où il enseigne les dix pratiques et les dix trésors inépuisables. Puis il

se rendre dans le ciel des dieux Yâma où il enseigna les dix pratiques. Quittant son trône une autre fois, il se rendit dans le Quatrième Ciel, où il enseigna les dix dédicaces. Quittant une autre fois son trône, il se rendit dans le ciel des Dieux qui Aiment les Métamorphoses où il enseigna les dix recueillements de concentration. Il se releva encore pour se rendre dans le ciel des Dieux qui Commandent aux Métamorphoses des Autres où il enseigna les dix terres. De là il se rendit dans le ciel de la Première Concentration où il enseigna les dix diamants ; puis dans le ciel de la Deuxième Concentration où il enseigna les dix patiences ; puis dans le ciel de la Troisième Concentration où il enseigna les dix vœux d'aspiration ; puis dans le ciel de la Quatrième Concentration, dans le palais de Maheshvara, le souverain des dieux, où il enseigna ce chapitre de « L'accès au réel par les terres de l'esprit » tel que le bouddha Vairochana du monde Trésor du Lotus, le principe de tous les bouddhas, l'avait enseigné.

De même firent les dix milliards de bouddhas, sans dualité ni différence, comme il est expliqué au chapitre de « La Bonne Ère ».

Alors le bouddha Shâkyamuni qui revenait du monde Trésor du Lotus à l'orient, où il était d'abord apparu, entra dans le palais du souverain des dieux où il enseigna le « Soûtra de la Conversion des Mâras » avant de descendre sur le continent méridional de l'Île aux Jambosiers pour naître dans le royaume de Kapilavastu d'une mère nommée Mâyâ et d'un père appelé

---

enseigne les dix dédicaces chez les dieux « Réjouis » (Tushita, livres 23-25), les dix recueillements d'extase dans le cinquième ciel et les dix terres dans le ciel des dieux qui Commandent aux Métamorphoses des Autres, à la cime du monde du Désir. Ensuite, dans le monde de la Forme, chez les dieux Brahmâs, il enseigne trois autres « dizaines », dont les dix patiences, qui appartiennent encore à l'*Ornementation Fleurie*, livre 29. Enfin, le Bouddha « récite » le présent soûtra à la limite de la Forme et du Sans-Forme, dans le palais d'Îshvara, Dieu, à une assemblée de bodhisattvas innombrables, puis, instantanément, il se retrouve sous l'Arbre de l'Éveil à doucement promulguer les règles de la discipline des bodhisattvas.

Shuddhodana, sous le nom de Siddhârtha[1]. À six ans il quitta sa famille et à trente ans accomplit l'Éveil sous le nom de Shâkyamuni. Dans l'aire d'Éveil de son extinction dans la paix, il prit place sur le trône royal des Lumineux Motifs de Diamant, d'où il rejoignit le palais de Maheshvara, le souverain des dieux. Là, comme il enseignait les dix stations, il considéra les divins Rois Brahmâs qui lui faisaient offrandes de bannières et de filets et dit :

– Les mondes, qui sont innombrables, peuvent être comparés aux mailles de ces filets. Chacun de ces mondes diffère de l'autre par d'innombrables points. De même en est-il des enseignements des bouddhas. Voilà huit mille fois que je viens ici, que je prends place sur le Trône de Diamant de ce monde d'Endurance[2], et huit mille fois que je me rends ensuite dans le palais de Maheshvara, le souverain des dieux, où j'entrouvre le chapitre de « L'accès au réel par les terres de l'esprit » à l'intention des grandes assemblées.

Cela fini, le bouddha Shâkyamuni quitta le palais du souverain des dieux et redescendit sur l'Île aux Jambosiers sous

---

1. Tous les corps d'apparition, dont le bouddha Shâkyamuni est le plus « connu », offrent le même spectacle d'Éveil en huit tableaux : 1. Après un séjour de quatre mille ans dans le ciel des dieux Réjouis, il descend dans notre monde. 2. Monté sur un éléphant blanc, il s'introduit dans le sein de Mâyâdevî (« Déesse d'Illusion ») par le flanc gauche. 3. Pendant qu'il séjourne dans le sein de sa mère, il se livre à d'infinies activités et dispense des enseignements aux dieux aux six veilles du jour et de la nuit. 4. Le huitième jour de la quatrième lune, il naît au parc de Lumbinî, près de Kapilavastu, la cité de son père, le roi Shuddhodana, en quittant le corps de sa mère par le flanc droit. 5. À l'âge de vingt ou de vingt-cinq ans, il quitte le palais familial pour pratiquer l'ascèse. 6. Au terme de six années de macérations, il s'illumine sous l'Arbre de l'Éveil. 7. Il enseigne l'Éveil aux hommes et aux dieux pendant cinquante ans. 8. À l'âge de quatre-vingts ans, il « entre » dans l'extinction ultime du *parinirvâna*.

2. Le « monde d'Endurance » (ssk *Sahâloka*, chn *Suopó*) désigne le champ où le bouddha Shâkyamuni exerce ses activités. Les adeptes des tantras le situent devant le cœur du bouddha Vairochana. Quant au « Trône de Diamant » (*Vajrâsana, jingangzuò*), plus que de l'endroit aujourd'hui appelé Bodhgaya, il s'agit du « trône quintessentiel de l'Éveil » (*bodhimanda, dàochǎng*), tel que Vimalakîrti, par exemple, le décrit. *Cf.* Sengzhao, p. 222 *sq.*

l'Arbre de l'Éveil. Alors, à l'adresse de tous les êtres qui peuplent la terre, les individus ordinaires pris dans les ténèbres de l'ignorance, il déclara :

— La claire lumière d'un seul précepte psalmodié avec la même pureté qu'au premier instant de l'esprit d'Éveil au sein des terres de l'esprit du bouddha Vairochana, qui est mon principe, cette clarté d'un précieux précepte de diamant est la source primordiale de tous les bouddhas, la source primordiale de tous les bodhisattvas : c'est une graine de bouddhéité. Tous les êtres animés sont porteurs de la nature de bouddha ; toutes les consciences mentales, les formes, les pensées, les émotions, l'esprit — tout cela entre dans les préceptes de la nature de bouddha. Dès lors que sa cause est éternellement présente, le corps absolu est éternellement présent aussi. Ainsi les dix libérations spéciales sont-elles apparues dans le monde, et tous les êtres devraient respectueusement porter ces préceptes du réel au sommet de leur tête. Je vais donc répéter en ce jour à l'intention des grandes assemblées le chapitre des « Préceptes des dix trésors inépuisables[1] », car ces préceptes de tous les êtres sont leur source primordiale et leur essence très pure.

> Me voici Vairochana, parfaitement
> Assis sur la Terrasse du Lotus
> Qu'entourent mille pétales
> Où trônent les Mille Bouddhas.

> Sur chaque pétale il y a dix millions de mondes
> Et dans chaque monde un Shâkyamuni
> Dont chacun, assis sous un Arbre d'Éveil,
> Accomplit la voie des bouddhas en même temps que
>   tous les autres.

---

1. Les « dix trésors inépuisables » font l'objet du 22e livre du *Soûtra de l'Ornementation Fleurie*. Ils désignent ici les dix préceptes principaux de la discipline des bodhisattvas.

Ainsi les dix millions de bouddhas
Ont Vairochana pour corps originel :
Les dix millions de Shâkyamunis
Accueillent chacun des foules aussi nombreuses que des
    atomes

Qui toutes accourent à moi pour m'entendre
Psalmodier les préceptes des bouddhas.
La porte d'ambroisie s'est ouverte
Et les dix millions de bouddhas

S'en retournent à leur aire d'Éveil originelle.
Chacun prend place sous un Arbre d'Éveil
Pour psalmodier les préceptes de son maître racine
Contre dix fautes principales et quarante-huit secondaires.

Les préceptes sont pareils au soleil et à la lune ;
Ce sont les perles d'un précieux collier :
Ils permettent à des bodhisattvas nombreux comme des
    atomes
D'atteindre l'Éveil authentique et parfait.

Ce que Vairochana psalmodie,
Je le psalmodie, moi aussi.
Alors vous autres, bodhisattvas nouveaux,
Recevez ces préceptes et portez-les au sommet de votre tête !

Quand vous aurez reçu les préceptes et les observerez,
Allez donc les transmettre à tous les êtres animés !
Écoutez-moi avec attention comme je psalmodierai
Le trésor de la Discipline au sein des enseignements boud-
    dhiques :

Le *prâtimoksha*[1], ou la libération spéciale
En laquelle la grande assemblée devrait avoir une confiance
    extrême.
Vous êtes promis à atteindre la bouddhéité
Comme moi je suis déjà bouddha.

Ayez toujours foi dans les préceptes et vous observerez
Toutes les règles de la Discipline.
Tous les êtres qui ont une conscience
Devraient suivre les préceptes des bouddhas.

L'être ordinaire qui reçoit les préceptes des bouddhas
Accède au niveau des bouddhas.
Il se trouve au niveau de leur grand Éveil ;
Il est vraiment un enfant des bouddhas.

Que la grande assemblée s'imprègne de respect
Et, à la pointe de l'esprit, écoute ma psalmodie !

Ce qu'ayant dit, le bouddha Shâkyamuni commença par atteindre l'Éveil insurpassable et parfait sous l'arbre de la Bodhi et ensuite seulement il établit les règles de la libération spéciale des bodhisattvas, lesquelles consistent à servir et respecter son père et sa mère, son maître spirituel, les religieux et les Trois Joyaux, de même qu'à servir et respecter les enseignements de l'Éveil suprême. Cette « piété filiale » est un autre nom des préceptes[2].

De la bouche du Bouddha jaillirent alors d'innombrables rayons de lumière et dans les cent milliards d'assemblées, les

____

1. Le traducteur chinois a gardé le mot sanskrit pour lui donner le sens mahayaniste de « méthode de libération s'adressant à chacun en particulier » et non le sens que le mot a dans le Petit Véhicule : « discipline pour la libération individuelle (seulement) ».

2. La « piété filiale » n'est pas une valeur strictement chinoise. Dans le présent soûtra, elle désigne le respect de tous et l'obéissance à ceux qui cultivent authentiquement l'esprit d'Éveil.

bodhisattvas, les dieux des dix-huit cieux de Brahmâ, les dieux des six cieux du monde du Désir et les rois des seize grands royaumes[1] joignirent les mains pour, à la cime de l'esprit et en toute attention, écouter le Bouddha qui allait psalmodier les préceptes du Grand Véhicule de tous les êtres éveillés.

Le Bouddha s'adressa aux bodhisattvas :

– Moi-même, je récite les préceptes des bouddhas à chaque demi-lune. Tous les bodhisattvas qui cultivent l'esprit d'Éveil le récitent aussi, de même qu'ils récitent les dix décisions, les dix consciences nourricières, les dix consciences de diamant et les dix terres, si bien que ce n'est pas sans cause ni raison que les rayons de lumière des préceptes ont jailli de ma bouche.

» Ces rayons ne sont ni bleus, ni jaunes, ni rouges, ni blancs, ni noirs. Ils ne relèvent ni des formes ni de l'esprit. Ils n'appartiennent ni à l'être ni au non-être et n'obéissent pas aux lois de la causalité. Ils sont pourtant la source primordiale des bouddhas et la source primordiale des bodhisattvas : le principe et la cause des enfants des bouddhas de la grande assemblée. Voilà pourquoi les enfants des bouddhas de la grande assemblée devraient les recevoir et les préserver, les lire et les réciter, et bien les étudier.

» Enfants des bouddhas, prêtez-moi toute votre attention ! Peu importe que celui ou celle qui reçoit les préceptes des bouddhas soit un roi, un prince, un ministre ou un haut fonctionnaire, un moine ou une nonne, un dieu des dix-huit cieux des Brahmâs, un dieu des six cieux du Désir, un homme ou une femme du peuple, un eunuque, un débauché, une courtisane, un ou une esclave, peu importe qu'il s'agisse d'un dieu ou d'un esprit des huit classes, d'une déité armée d'un vajra, d'un animal ou même d'un être de fantasmagorie : il suffit que

---

1. Les «seize grands royaumes» qui occupaient le nord de l'Inde à l'époque du Bouddha : 1. Vaishâlî, 2. Koshala, 3. Shrâvasti, 4. Magadha, 5. Vârânasî, 6. Kapilavastu, 7. Kushinagara, 8. Kaushâmbî, 9. Pañcâla, 10. Pâtaliputra, 11. Mathurâ, 12. Usha (Ushîra), 13. Punyavardhana, 14. Devâvatâra, 15. Kâshî, et 16. Campâ.

cet être comprenne les paroles de son maître de Dharma pour recevoir les préceptes dans toute leur pureté[1].

Le Bouddha poursuivit à l'adresse des bodhisattvas :

Il y a dix *prâtimokshas* principaux : les bodhisattvas qui n'en récitent pas les règles ne sont pas des bodhisattvas ; ce ne sont pas des enfants de la famille des bouddhas. Tous les bodhisattvas ont étudié ces préceptes ; ils les étudieront et les étudient. Je vais brièvement décrire les libérations spéciales qu'il faut recevoir et préserver avec vénération.

1. L'enfant des bouddhas ne doit pas donner la mort. Il ne doit pas inciter à tuer ni tuer par des moyens détournés. Il ne doit pas faire l'éloge de l'acte de tuer ni s'en réjouir, et il ne doit pas davantage tuer à l'aide de magies. Il ne doit pas réunir les causes de l'acte de tuer, ses circonstances, ses moyens et son résultat, bref, il ne doit tuer aucun être vivant de propos délibéré. Le bodhisattva doit plutôt cultiver la bienveillance, la compassion, la piété et l'obéissance à l'égard de tous les êtres animés de sorte que ces qualités l'habitent constamment et qu'il aide habilement tous les êtres. Mais celui qui se laisse aller jusqu'à prendre plaisir à tuer ce qui vit, celui-là se rend coupable d'une faute extrêmement grave pour un bodhisattva.

2. L'enfant des bouddhas ne doit pas prendre ce qui ne lui a pas été donné. Il ne doit pas inciter à voler ni voler par des moyens détournés. Il ne doit pas réunir les causes de l'acte de voler, ses circonstances, ses moyens et son résultat. Il ne doit pas voler en s'aidant d'incantations magiques, et moins encore

---

1. Ces précisions s'imposent pour montrer que les vœux des bodhisattvas s'adressent à *tous les êtres*, même aux fantômes dépourvus d'âme, puisque le Grand Véhicule n'accorde de réalité réelle à rien, donc pas même d'«âme» aux êtres «animés». On comparera avec les «vices rédhibitoires» de celui qui demande à être reçu comme moine pleinement ordonné, par exemple dans Wieger, p. 197.

piller les biens des autres, fussent-ils des dieux ou des génies. Le bodhisattva ne doit pas s'emparer délibérément de quelque valeur que ce soit, même d'une aiguille ou d'un brin d'herbe, mais plutôt, en tant que bodhisattva, cultiver la piété et l'obéissance à l'égard de tous les êtres, car ils sont porteurs de la nature de bouddha, et les aider constamment à produire des mérites en vue du bonheur. En revanche, celui qui vole les autres se rend coupable d'une faute extrêmement grave pour un bodhisattva.

3. L'enfant des bouddhas ne doit pas forniquer ni y entraîner les autres. Il ne débauchera pas de propos délibéré quelque individu que ce soit. Il ne doit pas réunir les causes de l'acte impur, ses circonstances, ses moyens et son résultat. Il ne doit pas commettre cet acte avec un animal, ni avec un être divin ou démoniaque. Il ne doit pas le commettre par un mauvais passage. Le bodhisattva doit plutôt cultiver l'envie de servir les êtres et de leur obéir dans le but de les aider et de les sauver tous en ne leur offrant que pureté. En revanche, celui ou celle qui ne pense qu'à s'unir avec n'importe qui sans faire la différence entre un animal et ses propres parents, ses enfants, ses frères et sœurs, ses cousins et cousines, sans un instant d'amour et de compassion, celui ou celle-là se rend coupable d'une faute extrêmement grave pour un bodhisattva.

4. L'enfant des bouddhas ne doit pas mentir. Il ne doit pas inciter autrui à mentir ni mentir par des moyens détournés. Il ne doit pas réunir les causes du mensonge, ses circonstances, ses moyens et son résultat. S'il prétend voir ce qu'il ne voit pas et ne pas voir ce qu'il voit, il entraîne son corps et son esprit dans le mensonge de sa parole. Le bodhisattva doit constamment proférer des paroles justes en cultivant la vue juste, car il se trouve à l'origine des paroles et des vues justes de tous les êtres. En revanche, celui qui entraîne les êtres à proférer des paroles fausses, à chérir des vues perverses et à commettre des actes

nuisibles, celui-là se rend coupable d'une faute extrêmement grave pour un bodhisattva.

5. L'enfant des bouddhas ne doit pas faire commerce de substances enivrantes ni inciter les autres à le faire. Il ne doit pas rassembler les causes de ce commerce, ses circonstances, ses moyens et son résultat. Il ne doit faire commerce d'aucune substance enivrante car ces substances sont l'occasion de maints actes négatifs, alors que le bodhisattva doit aider tous les êtres à cultiver la connaissance transcendante, laquelle pénètre de sa clarté toutes choses. En revanche, celui qui trouble l'esprit des êtres se rend coupable d'une faute extrêmement grave pour un bodhisattva.

6. L'enfant des bouddhas ne doit pas dénoncer les fautes commises par les bodhisattvas laïcs ou religieux, ni par les moines ou les nonnes. Il ne doit pas inciter les autres à le faire. Il ne doit pas réunir les causes de l'acte de dénoncer, ses circonstances, ses moyens et son résultat. S'il entend de mauvais éléments des voies extérieures ou des deux véhicules inférieurs dire que le Dharma des bouddhas ignore les lois et la discipline, il cherchera plutôt à aider ces méchants en les instruisant avec compassion pour qu'ils acquièrent une foi parfaite dans le Grand Véhicule. En revanche, celui qui dénonce les fautes qu'il trouve dans le Dharma se rend coupable d'une faute extrêmement grave pour un bodhisattva.

7. L'enfant des bouddhas ne doit pas se vanter en dénigrant les autres. Il ne doit pas inciter autrui à le faire. Il ne doit pas réunir les causes de cet acte, ses circonstances, ses moyens et son résultat. Le bodhisattva doit plutôt subir la honte et l'opprobre à la place des autres en se réservant tous les désagréments pour ne leur laisser que les bonnes choses. Car, en fait, celui qui se vante de ses propres qualités en cachant celles des autres et en permettant qu'on les dénigre se rend coupable d'une faute extrêmement grave pour un bodhisattva.

8. L'enfant des bouddhas ne doit pas être avare ni inciter les autres à l'être. Il ne doit pas réunir les causes de l'avarice, ses circonstances, ses moyens et son résultat. Quand n'importe quel être démuni l'approche pour lui demander l'aumône, le bodhisattva lui donne plutôt tout ce dont il a besoin. En revanche, s'il lui répond avec méchanceté, avec emportement, sans même lui céder un petit sou, une aiguille ou un brin d'herbe, ou encore, si, à ceux et celles qui lui en font la requête, il n'accorde aucun enseignement, s'il ne leur accorde pas une stance, pas un vers, pas un atome de Dharma mais leur fait honte et les injurie, il se rend coupable d'une faute extrêmement grave pour un bodhisattva.

9. L'enfant des bouddhas ne se mettra pas en colère et n'incitera pas les autres à se mettre en colère. Il ne rassemblera pas les causes de la colère, ses circonstances, ses moyens et son résultat. Il doit plutôt donner à tous les êtres animés l'occasion de produire des racines de bien à l'écart de toute contestation, car il a pour eux une compassion parfaitement constante. En revanche, celui qui, à l'égard de tous les êtres, et même à l'égard d'aucun, répand de vilaines paroles d'injure et d'opprobre, qui à cela joint les coups en jouant de la lame et du bâton sans le moindre répit pour son âme, celui qui ne pardonne pas quand on lui fait d'humbles excuses en manifestant un regret sincère mais redouble de colère, celui-là se rend coupable d'une faute extrêmement grave pour un bodhisattva.

10. L'enfant des bouddhas ne dira pas de mal des Trois Joyaux. Il n'incitera pas autrui à en dire. Il ne rassemblera pas les causes de la calomnie, ses circonstances, ses moyens et son résultat. En fait, quand un bodhisattva entend un non-bouddhiste ou tout autre mauvais élément prononcer une seule parole de calomnie à l'endroit du Bouddha, il a l'impression que trois cents épées plongent leur pointe dans son cœur. À

plus forte raison, donc, ne médira-t-il pas lui-même au mépris de la foi et de la pieuse obéissance. En revanche, celui qui aide les mauvais éléments bouddhistes et les êtres aux vues perverses à calomnier les Trois Joyaux se rend coupable d'une faute extrêmement grave pour un bodhisattva.

Révérends, étudiez bien ces dix préceptes ! Pendant que vous étudierez ces dix règles de libération spéciale des bodhisattvas, il s'impose que vous ne transgressiez le moindre atome de chacune de ces règles. À plus forte raison ne contreviendrez-vous pas aux dix règles ensemble ! Celui ou celle qui les transgressera ne pourra plus cultiver l'esprit d'Éveil au cours de cette vie ; il sera déchu de la royauté s'il est roi, et de la domination du monde s'il est souverain cosmique. Le cas échéant, il sera déchu de son état de moine ou de nonne, perdant ainsi l'occasion de suivre les dix décisions, les dix consciences nourricières, les dix consciences de diamant, les dix terres et le fruit merveilleux et éternellement présent de la bouddhéité. Tout cela, il en sera déchu, puis il choira dans les trois males sentes et pendant deux, voire trois ères cosmiques il n'entendra pas même les mots « père », « mère » ou « Trois Joyaux ». En conséquence, vous ne devez transgresser aucun de ces préceptes que vous et tous les autres bodhisattvas étudient, étudieront et ont étudiés. Tandis que vous les étudiez, préservez-en chacun avec une grande vénération, ainsi qu'il sera expliqué par le détail au chapitre du soûtra consacré à « L'Art de la majesté en quatre-vingt mille postures ».

Le Bouddha poursuivit à l'adresse des bodhisattvas :

À présent que je vous ai enseigné les dix règles de libération spéciale, je vais vous enseigner les quarante-huit fautes secondaires.

1. L'enfant des bouddhas qui va accéder à la royauté, monter sur le trône d'un souverain cosmique ou simplement devenir

fonctionnaire commencera par recevoir les préceptes des bodhisattvas, car ce faisant il s'assurera la protection des dieux et des esprits en réjouissant les bouddhas. Quand il aura reçu ces vœux, il cultivera les vertus de piété filiale, d'obéissance, de respect et de vénération à l'endroit de ses aînés dans l'esprit d'Éveil. À la vue du prieur, du maître de discipline ou du maître de cérémonie, ou encore d'un condisciple plus ancien, d'un ami par la pensée philosophique ou d'un compagnon de pratique, il se lèvera pour l'accueillir, se prosternera à ses pieds ou le saluera autrement, puis il prendra des nouvelles de sa santé. En revanche, s'il fait alors preuve d'insouciance, d'arrogance et de bêtise en ne se levant pas, en ne l'accueillant pas et en ne l'honorant pas d'une prosternation ou d'un autre salut, il dérogera à toutes les bonnes façons d'honorer ses aînés. En fait, le bodhisattva devrait aller jusqu'à se vendre comme esclave, vendre son royaume ou sa ville, ses fils et ses filles, tous ses objets les plus coûteux, confectionnés dans les sept matières les plus précieuses, pour leur faire l'offrande de tout ce que cela pourrait lui rapporter. En effet, s'il n'agit pas de la sorte, il se rend coupable d'une faute qui le souille.

2. L'enfant des bouddhas qui s'enivre de propos délibéré commet les innombrables fautes que l'on commet lorsqu'on a bu. Si de sa main il tend à quelqu'un une coupe pleine pour le faire boire, il sera privé de mains pendant cinq cents générations. Que dire alors s'il boit lui-même ? S'il ne faut pousser personne à s'enivrer, absolument aucun être vivant, à plus forte raison ne faut-il pas s'enivrer soi-même. Car celui qui s'enivre de propos délibéré ou pousse les autres à le faire se rend coupable d'une faute qui le souille.

3. L'enfant des bouddhas ne doit pas manger de viande de propos délibéré : il ne mangera la chair d'aucun être animé. Cela détruit en lui la graine de ce qui a pour nature la grande compassion bienveillante, si bien que tous les êtres se détournent

à sa vue. En conséquence, aucun bodhisattva ne se nourrira de la chair d'un être animé. Manger de la viande est un crime démesuré et celui qui en mange de propos délibéré se rend coupable d'une faute qui le souille.

4. L'enfant des bouddhas ne doit pas manger de ces cinq plantes au goût piquant : l'ail, l'oignon, la ciboulette, le poireau et la férule. Il peut manger de tout à l'exception de ces cinq végétaux[1]. Celui qui en mange de propos délibéré se rend coupable d'une faute qui le souille.

5. L'enfant des bouddhas qui voit n'importe quel être transgresser les huit, les cinq ou les dix préceptes[2], braver les interdits ou s'adonner aux sept contraires[3] qui le feront choir dans les huit difficultés[4], bref, s'il voit quiconque transgresser une sainte défense, il l'incitera au repentir. Car si, au lieu de l'inciter à se reprendre, il reste à ses côtés en partageant les avantages de

---

1. Note de Soothill, p. 128a : « Les cinq racines piquantes interdites : l'ail, trois « espèces » d'oignons et les poireaux. Mangées crues, elles rendent, dit-on, irascible ; cuites, ce sont des aphrodisiaques. Par ailleurs, si celui qui en a mangé récite les textes, il fera fuir les bons esprits (*Lêngyánjing* 8). » La « férule » (*Ferula scorodosma*) traduit le chinois *xingqú* et désigne, d'après Tàixián, l'arbuste d'Iran et d'Inde d'où l'on extrait l'assa-foetida. Certains commentateurs n'acceptant pas l'interprétation de *xingqú* en *awèi* y voient une autre variété d'*Allium*.

2. Les « huit préceptes » (chn *bajiè*) conviennent aux laïcs qui souhaitent les pratiquer dans le cadre d'une retraite limitée dans le temps ou à l'occasion d'un « jeûne » : ne pas tuer, ne pas voler, ne pas forniquer, ne pas mentir, ne pas s'enivrer, ne pas se maquiller etc., ne pas s'asseoir ni s'allonger sur un support vaste et élevé, ne pas manger midi passé. Les « cinq préceptes » (les huit diminués des trois derniers) conviennent aux adeptes laïcs en général. Les « dix préceptes » (ssk *dashashikshâpada, shíjiè*) ajoutent au précepte de ne pas se maquiller celui de ne pas s'occuper, en tant qu'acteur ou spectateur, de musique et de danse, et en dixième, l'interdiction de toucher, au sens propre, de l'or, de l'argent ou quelque objet de valeur que ce soit.

3. Les « sept contraires » (chn *qíni*) sont les cinq « crimes à rétribution immédiate » (*cf.* Sengzhao, p. 157) augmentés des crimes d'assassiner son maître en esprit d'Éveil et le karmâchârya (« cérémoniaire »). Le texte en donne une définition plus bas, à l'occasion de la règle secondaire n° 40. *Cf. inf.*, p. 101.

4. *Cf. sup.*, p. 32, n. 3 et Sengzhao, p. 79.

la communauté, s'il se trouve dans la même assemblée à réciter les préceptes le jour du *poshadha*[1] sans lui signaler ses fautes et l'inciter à s'en repentir, le bodhisattva se rend coupable d'une faute qui le souille.

6. L'enfant des bouddhas qui apprend qu'un maître du Grand Véhicule, ou un condisciple avec qui il partage la vue et les pratiques, vient d'arriver dans le quartier des moines, ou bien dans sa propre maison, ou encore dans la ville où il habite, après un voyage de cent ou de mille lieues, n'attend pas pour l'accueillir, de même qu'il le raccompagnera le jour de son départ. Il se prosternera à ses pieds et l'honorera d'offrandes. Tous les jours il viendra lui faire des offrandes aux trois moments de la journée[2]. Chaque jour il dépensera trois taëls d'or pour lui apporter les mets les plus délicats ; et il lui fournira un lit-sofa, des médecines, ainsi que tout ce qui convient à un maître des enseignements. Il mettra tout ce qui est nécessaire à sa disposition et constamment lui demandera de prodiguer des enseignements aux trois moments de la journée. Chaque jour, aux trois moments de la journée, il ira se prosterner devant lui sans colère ni ressentiment, prêt à mourir pour recevoir des enseignements dont il fera la requête sans jamais se lasser. S'il n'agit pas de la sorte, il se rend coupable d'une faute qui le souille.

7. L'enfant des bouddhas fréquente tous les lieux, toutes les salles d'enseignement des grands monastères où l'on explique les textes et les règles de la Discipline. Le bodhisattva néophyte doit se rendre auprès des maîtres des enseignements avec des

---

1. Le pseudo-sanskrit *poshadha* (var. *upavastha*, *uposhana*, chn *bùsà*) vient du pâli *uposatha*, cérémonie de réparation des vœux et de purification qui a lieu deux fois par mois à l'occasion de la pleine lune et de la nouvelle lune. Les moines ou les bodhisattvas se réunissent alors pour réciter les préceptes, se livrer à un « examen de conscience » et se confesser.

2. À l'aube, à midi et au crépuscule.

soûtras et des textes de Discipline pour en recevoir d'eux la transmission et leur demander conseil. Et s'il faut ramper par terre pour rendre visite à un moine qui vit au pied d'un arbre dans la montagne et recevoir des enseignements de lui, il le fera aussi : autrement il commet une faute qui le souille.

8. L'enfant des bouddhas qui se détourne des soûtras et de la Discipline éternellement présents du Grand Véhicule sous le fallacieux prétexte qu'ils n'émanent pas du Bouddha et plutôt s'en va recevoir et observer les différents préceptes et interdits, fondés sur des vues fausses, des bouddhas-par-soi et des auditeurs, voire des non-bouddhistes, de même que leurs soûtras et leur Discipline, qui sont fondés sur des vues fausses, celui-là commet une faute qui le souille.

9. L'enfant des bouddhas aidera toujours tous les malades et ne les servira pas différemment d'un bouddha. Des huit champs de mérites[1], le champ de mérites de ceux qui prennent soin des malades est le premier. Quand son père, sa mère, son maître, un moine ou un disciple sont malades, quand certaines facultés leur font défaut et que cent espèces de maladies leur apportent la douleur et ses peines, le bodhisattva leur offre tout ce dont ils ont besoin et s'empresse à leur côté. Si, au contraire, il cède à la méchanceté et, par simple haine ou par colère refuse de rendre visite aux malades et de leur porter secours, que ce soit dans les quartiers des moines, en ville, à la campagne, dans les montagnes ou sur le bord de la route, celui-là se rend coupable d'une faute qui le souille.

---

1. Les « huit champs de mérites » (ssk *punyakshetra*, chn *fútián*) sont les êtres qu'il faut honorer et servir pour produire des causes de bonheur profitables à tous : 1. Les bouddhas, 2. les arhats, 3. les moines prêcheurs (ssk *upâdhyâya*, chn *héshàng*), 4. les maîtres (ssk *âcârya*), 5. les moines en général, 6. son père, 7. sa mère, et 8. les malades.

10. L'enfant des bouddhas ne doit pas amasser des poignards, des gourdins, des arcs et des flèches, des épées et des haches, aucun de ces instruments de guerre. Au contraire, tuerait-on son père et sa mère que le bodhisattva ne chercherait pas vengeance : qu'irait-il alors tuer d'autres êtres animés ? Celui qui, de propos délibéré, collectionne poignards et gourdins se rend coupable d'une faute qui le souille.

Il faut donc, en étudiant ces dix préceptes, les observer avec vénération comme il sera expliqué en détail au chapitre des « Six vertus transcendantes ».

11. L'enfant des bouddhas ne nourrira jamais de mauvais desseins par intérêt ou simplement pour sa subsistance. De ce fait il n'acceptera pas de partir en mission officielle dans un pays où les armées, en ordre de bataille, sont prêtes à s'affronter, ni pour lever des troupes, les mener au combat et tuer d'innombrables êtres. Comment le bodhisattva qui ne doit même pas s'approcher d'un camp militaire choisirait-il de devenir un pillard des nations ? Celui qui fait délibérément ce choix se rend coupable d'une faute qui le souille.

12. L'enfant des bouddhas ne se livre pas au trafic de braves gens, ni d'esclaves, ni d'animaux domestiques. Il ne revend pas non plus, ni n'échange de bois ou de planches à cercueils, ni rien où l'on entrepose les morts. Il ne le fait pas lui-même et moins encore y encourage-t-il les autres. Celui qui agit délibérément de la sorte se rend coupable d'une faute qui le souille.

13. L'enfant des bouddhas ne doit pas, sans autre raison que la volonté de nuire, calomnier les hommes justes, les hommes bons, les maîtres de Dharma, les maîtres de discipline et les religieux, le souverain ou les nobles du royaume, ni les accuser des sept contraires et des dix fautes extrêmement graves. Il doit par ailleurs rester pieux et soumis à l'endroit de son père, de sa

mère, de ses frères aînés et cadets, avec ses six liens de parenté[1], et n'avoir pour eux qu'amour et compassion. En revanche, celui qui s'oppose à eux et leur fait un mal qui le précipitera dans les lieux les plus indésirables, celui-là se rend coupable d'une faute qui les souille.

14. L'enfant des bouddhas n'incendiera pas, avec la volonté de nuire, les forêts des montagnes ni les steppes. En allumant des feux importants de mai à octobre, il risque d'incendier des maisons, des quartiers, des monastères, des champs et des vergers, de même que les biens des esprits et des fonctionnaires. Le bodhisattva ne doit pas mettre feu volontairement à la propriété d'autrui car, s'il le fait, il se rend coupable d'une faute qui le souille.

15. L'enfant des bouddhas doit enseigner les soûtras et la Discipline du Grand Véhicule, les transmettre et les confier à tous ceux qui lui en font la requête, à commencer par les disciples du Bouddha jusqu'aux adeptes des voies extérieures[2], à ses proches parents et à tous ses amis spirituels. Il leur en expliquera le sens et les principes pour qu'ils engendrent et cultivent l'esprit d'Éveil, les dix décisions, les dix consciences nourricières et les dix consciences de diamant. Et de chacune de ces trente qualités de l'esprit il leur expliquera la place et la fonction. En revanche, le bodhisattva qui, par colère et envie de nuire, leur enseigne déraisonnablement les soûtras et la Discipline des auditeurs et des deux véhicules inférieurs, les vues et les théories perverses des voies extérieures, et ainsi de suite, celui-là se rend coupable d'une faute qui le souille.

---

1. Ces six «liens» désignent le père et la mère, les frères aîné et cadet, et les oncles paternel et maternel.

2. Les «voies extérieures» (ssk *tîrthika*, chn *wàidào*) désignent généralement les philosophies, les religions et les mystiques non bouddhistes.

16. L'enfant des bouddhas devrait avoir la bonté d'exposer en détail les soûtras et la Discipline du Grand Véhicule qu'il a déjà étudiés et dont il a conquis la majesté, pour en exprimer la saveur et le sens. Aux bodhisattvas néophytes qui ont parcouru cent ou mille lieues pour lui demander des enseignements sur les soûtras et la Discipline du Grand Véhicule, il expliquera, conformément aux enseignements, les pratiques ascétiques : il leur expliquera comment se donner la mort par le feu, se brûler une main ou un doigt ; il leur expliquera pourquoi ceux qui ne se donnent pas la mort par le feu, qui ne se brûlent pas une main, ni même un doigt, en offrande aux bouddhas ne méritent pas d'être appelés «bodhisattvas qui ont quitté la vie de famille». Et il leur enseignera qu'il faut renoncer à son corps et à sa chair, à ses mains et ses pieds pour en faire l'offrande aux tigres, aux loups, aux lions affamés, de même qu'à tous les esprits faméliques[1]. Ensuite il leur donnera les enseignements appropriés, point par point et dans le bon ordre pour que leur esprit s'ouvre à la compréhension du sens de tout cela. En revanche, le bodhisattva qui, par intérêt, ou pour sa subsistance, ne répond pas à ce qui mérite réponse et prêche les soûtras et la Discipline à l'envers en proférant mille et une calomnies à l'encontre des Trois Joyaux, celui-là se rend coupable d'une faute qui le souille.

17. L'enfant des bouddhas qui, pour le vivre et le couvert, l'argent et les richesses, le profit, la subsistance, le renom ou les honneurs, approche les rois, les princes, les ministres et les hauts fonctionnaires pour profiter de leur influence, leur quémander

---

1. Les instructions précisent que ces «pratiques ascétiques» ne concernent que les *sublimes* bodhisattvas, ceux qui, ayant pleinement vu et réalisé la vacuité, en sont à la voie de la méditation, laquelle commence avec la deuxième terre de sagesse. Les automutilations et autres sacrifices sont tenus pour des actes de démence lorsqu'ils n'émanent pas de sages bénis par la vacuité et œuvrant dans un but précis. Les «esprits faméliques» sont les *preta* (en ssk, chn *guĭ*), qui peuplent un monde d'énormes frustrations peint par l'avarice la plus crasse.

ceci, leur réclamer cela, les tirer par-ci, les pousser par-là en faisant main basse sur leur argent et leurs biens, bref, de celui qui veut tirer profit de tous et de tout on peut dire qu'« il cherche si mal qu'il doit chercher beaucoup ». Si par surcroît il incite les autres à réclamer comme lui, sans le moindre amour, et sans piété ni soumission, il se rend coupable d'une faute qui le souille.

18. L'enfant des bouddhas étudiera les douze « parties » de la littérature bouddhique. Quand il en sera à l'étude et à la récitation des préceptes, il renouvellera ses vœux de bodhisattva aux six veilles du jour et de la nuit[1] en comprenant bien leur sens absolu : l'essence de la nature de bouddha. En revanche, le bodhisattva qui n'entend pas un traître mot aux règles de discipline et à leur fonctionnement mais fait semblant de les connaître parfaitement se trompe lui-même en trompant les autres. S'il s'instaure maître et transmet les préceptes sans en comprendre le sens, il se rend coupable d'une faute qui le souille.

19. L'enfant des bouddhas qui, à la vue de moines qui observent leurs vœux et s'adonnent aux pratiques des bodhisattvas en portant des brûle-parfums, les monte les uns contre les autres en répandant calomnies et mensonges, est responsable de tous les maux possibles. S'il agit de propos délibéré, il se rend coupable d'une faute qui le souille.

20. L'enfant des bouddhas rend la liberté aux animaux par amour pour eux. Il pense : tous les mâles ont été mon père et toutes les femelles ma mère. Il n'est pas une seule de mes existences antérieures où ils ne m'aient donné la vie. Tous les êtres des six destinées sont donc mes parents, et si je les tue, si je les dévore, c'est mon père et ma mère que je tue, c'est à mon

---

1. Soit toutes les quatre heures.

vieux corps que j'inflige la mort. Car toute terre et toute eau ont formé mon corps d'autrefois ; tout feu et tout air sont ma substance première : aussi me livrerai-je constamment à la pratique de rendre leur liberté aux animaux. La vérité éternellement présente de la vie qui se transmet d'existence en existence enseigne à l'homme qu'il faut rendre leur liberté aux animaux menacés. S'il voit un être ordinaire mettre à mort un animal domestique, le bodhisattva doit porter habilement secours à la victime en expliquant à son bourreau combien il la torturerait autrement. Puisse-t-il toujours transformer les êtres en leur apprenant la discipline des bodhisattvas et en portant secours à tous les vivants, quels qu'ils soient ! Quand son père, sa mère ou l'un de ses frères mourra, il invitera un maître de Dharma à enseigner les règles de discipline des bodhisattvas, ce qui a la vertu d'accumuler beaucoup de mérites pour le défunt qui verra les bouddhas avant de renaître chez les hommes ou les dieux. S'il n'agit pas ainsi, le bodhisattva se rend coupable d'une faute qui le souille.

Préservez ces dix préceptes avec vénération pendant que vous les étudierez, ainsi que le chapitre de « L'élimination des fautes » les explique successivement avec force détails.

21. L'enfant des bouddhas ne doit pas répondre à la colère par la colère ni aux coups par les coups. Il ne cherchera pas à se venger même si l'on tue son père, sa mère, son frère aîné, son frère cadet ou l'un des six membres de sa parenté la plus proche. Et même si le chef de l'État se fait assassiner, il ne cherchera pas à le venger. L'acte de prendre une vie contre une vie est contraire à la voie de la piété filiale. Par ailleurs, le bodhisattva ne devrait pas avoir d'esclaves, ni les battre, ni leur faire honte ni les injurier. Ce faisant il créerait d'innombrables actes négatifs avec son corps et son esprit, mais spécialement avec sa parole, pour ne rien dire de ceux qui commettent volontairement le crime des sept contraires. Le bodhisattva religieux qui

pratique la vengeance au mépris de la bienveillance, voire celui qui veut venger l'un de ses six parents les plus proches, celui-là se rend coupable d'une faute qui le souille.

22. L'enfant des bouddhas qui vient d'entrer en religion et ne connaît pas encore bien les textes ne devrait pas, sous le prétexte qu'il est intelligent et rusé, ou encore qu'il connaît la haute société, qu'il a un âge respectable, ou bien qu'il est né dans une grande famille, qu'il a de grandes connaissances, de grands mérites, de grandes richesses et qu'il est généreux des sept joyaux de son trésor, bref, ce bodhisattva néophyte ne doit pas s'enorgueillir de ce genre de circonstances au point de ne pas aller chercher conseil auprès des maîtres des enseignements qui l'ont précédé pour recevoir d'eux les soûtras et la Discipline. Il reproche à tel ou tel maître des enseignements d'être d'humble extraction, d'être trop jeune, vulgaire, pauvre ou invalide alors que, en fait, il a la qualité de parfaitement connaître l'ensemble des soûtras et de la Discipline. Le bodhi-sattva néophyte ne prendra pas prétexte des origines sociales ou de la réputation des maîtres de Dharma pour ne pas aller leur demander des conseils et des enseignements sur la vérité absolue, sinon il se rend coupable d'une faute qui le souille.

23. L'enfant des bouddhas qui voudra, de tout cœur et de plein gré, recevoir les préceptes de bodhisattva quand le Bouddha sera passé dans l'ultime extinction[1] formera le vœu de les recevoir devant les images et les statues des bouddhas et des bodhi-sattvas. Pendant sept jours il se repentira devant les bouddhas et lorsqu'il verra leurs marques de beauté, il recevra les préceptes. S'il ne parvient pas à les voir, il poursuivra son repentir pendant une autre semaine, une troisième éventuellement, jusqu'à une année, pour voir ces marques de beauté. Quand il les aura vues, il sera en mesure de recevoir les préceptes devant les images et

---

1. *Parinirvâna* : quand le Bouddha « ne sera plus de ce monde ».

les statues des bouddhas et des bodhisattvas. S'il ne parvient pas à voir les marques, il pourra extérieurement prendre les vœux devant une image de la bouddhéité, intérieurement il n'aura rien reçu. Mais si alors il a déjà reçu les préceptes des bodhisattvas d'un maître des enseignements, il n'est pas nécessaire qu'il voie les marques de beauté des grands êtres puisque ces préceptes se transmettent personnellement de maître à disciple. Aussi prendre les vœux auprès d'un maître de Dharma, cela permet d'effectivement les recevoir. Les préceptes sont effectivement reçus par celui ou celle qui leur accorde leur véritable importance. Mais si dans un rayon de mille lieues il n'y a pas de maître qui puisse les transmettre, il faudra les prendre devant les images et les statues des bouddhas et des bodhisattvas lorsqu'on aura clairement perçu leurs marques de beauté. En revanche, les maîtres de Dharma qui, sous le prétexte qu'ils comprennent les soûtras et la Discipline du Grand Véhicule, et du fait qu'ils ont pour amis des rois, des princes et des hauts fonctionnaires, reçoivent les bodhisattvas néophytes avec mépris, arrogance et méchanceté sans répondre à une seule de leurs questions sur le sens d'un soûtra ou d'un traité de Discipline, ceux-là se rendent coupables d'une faute qui les souille.

24. L'enfant des bouddhas qui, malgré la présence des soûtras et de la Discipline bouddhiques des enseignements corrects du Grand Véhicule, de la vue juste, de la juste essence et de la juste réalisation du corps absolu, ne parvenant pas à les étudier avec diligence et à s'y exercer, renonce au trésor des sept joyaux[1] pour, au contraire, étudier les vues perverses des deux véhicules inférieurs, des voies extérieures et des classiques mondains – pour ne pas mentionner la Scolastique, les théories syncrétistes et la littérature en général – détruit sa nature de bouddha en créant les causes de ce qui lui fera obstacle sur la

---

1. Les enseignements du Grand Véhicule.

voie. Ce n'est pas ainsi que l'on avance sur la voie des bodhisattvas. Celui qui agit ainsi de propos délibéré se rend coupable d'une faute qui le souille.

25. L'enfant des bouddhas qui, après l'ultime extinction du Bouddha, sera un « chef » qui enseigne le Dharma, le chef du quartier des moines, le chef de la prédication, le chef de la méditation assise ou le chef des déplacements sera avant tout bienveillant : il réglera au mieux les disputes et les altercations, protégera au mieux les biens des Trois Joyaux et n'en usera pas immodérément comme s'il s'agissait de ses propres biens. En revanche, celui qui sème le désordre et la contestation dans la communauté en poussant la licence jusqu'à utiliser les biens des Trois Joyaux à des fins illicites se rend coupable d'une faute qui le souille.

26. L'enfant des bouddhas qui réside dans un quartier réservé aux moines accueillera et raccompagnera tout moine bodhisattva de passage chez lui, que ce soit dans un monastère, dans sa demeure en ville ou dans un quartier du palais royal, voire au siège de la retraite d'été ou lors d'une grande assemblée. Il lui offrira à boire et à manger, un toit, une couche, un siège et une corde[1], bref, il lui fournira tout ce dont il a besoin. S'il ne possède rien, il ira se vendre, placera ses fils et ses filles – il fera tout ce qu'il peut pour honorer son hôte. Si alors un donateur vient faire des offrandes à la communauté, le moine de passage en recevra sa part. Le chef du quartier des moines invitera le donateur à servir le moine de passage en premier, car s'il laissait ses moines résidents les recevoir avant le moine de passage, il commettrait une faute démesurée. En quoi serait-il différent d'une brute, ce faux renonçant, cet étranger à la

---

1. La « corde de méditation » a différentes fonctions : elle peut vous signaler que vous vous endormez pendant que vous méditez ; elle vous permet de dormir en restant assis ; et de méditer en gardant telle ou telle position sans tension musculaire.

famille des Shâkyas[1] ? S'il agit ainsi de propos délibéré, il se rend coupable d'une faute qui le souille.

27. L'enfant des bouddhas qui s'attribue les offrandes faites à un moine particulier doit savoir qu'elles appartiennent aux communautés de tous les espaces et qu'en s'attribuant ce qui est destiné à un autre moine il s'attribue ce qui appartient aux communautés de tous les espaces. Comme il fait usage personnel de ce qui revient aux huit champs de mérites, aux bouddhas et aux êtres sublimes, à chacun des maîtres et des moines, à ses parents et aux malades, il se rend coupable d'une faute qui le souille.

28. L'enfant des bouddhas, le bodhisattva qui a quitté la vie de famille, le bodhisattva qui vit avec sa famille et tous les donateurs doivent faire des offrandes et adresser des prières à la communauté des moines : ils se rendront au monastère et s'adresseront au responsable. Ils lui diront qu'ils sont venus faire des offrandes aux moines dans le bon ordre[2] et il est sûr qu'ils honoreront les sages et les saints religieux de tous les espaces. En effet, il vaut mieux honorer un seul moine ordinaire dans le bon ordre que de choisir qui l'on honore, s'agirait-il des Cinq Cents Arhats moines bodhisattvas eux-mêmes[3]. Choisir les moines à qui l'on veut faire offrande est une pratique étrangère

---

1. La « famille des Shâkyas », où est né Siddhârtha Gautama Shâkyamuni, désigne les bouddhistes en général et les pratiquants du Grand Véhicule en particulier.

2. Le « bon ordre » est la préséance tant à la prière que pendant la tournée d'aumônes. La place d'honneur revient aux « anciens » non par l'âge mais par les vœux. Le moine qui mendie et le bienfaiteur qui offre ne se choisissent pas l'un l'autre mais donnent ou reçoivent quand vient leur tour.

3. Certain donateur avait choisi d'honorer les cinq cents grands disciples du Bouddha plutôt que le Bouddha lui-même, pensant ainsi produire plus de mérites. Or s'ils l'avaient invité, lui, et seulement lui, vu son « ancienneté » dans l'esprit d'Éveil et ses préceptes implicites, ils n'auraient pas commis la faute de « choisir qui l'on honore au mépris du bon ordre ».

au bouddhisme. Les Sept Bouddhas[1] n'ont jamais rien enseigné de tel : cette pratique désobéit à la voie de la piété filiale. Celui qui délibérément honore un moine en particulier se rend coupable d'une faute qui le souille.

29. L'enfant des bouddhas qui, avec méchanceté et pour son profit personnel, prostitue filles et garçons, cuisine, pile et moud le grain, fait l'astrologue marieur, interprète les bons et les mauvais rêves, prédit le sexe des bébés, pratique les sorts, la magie ou l'artisanat, élève des rapaces, concocte des philtres à cent et à mille poisons, trafique le venin de serpent, fabrique de la fausse monnaie et s'adonne à la sorcellerie sans la moindre bienveillance, bref, le bodhisattva qui agit ainsi de propos délibéré se rend coupable d'une faute qui le souille.

30. L'enfant des bouddhas qui, avec une mauvaise intention, calomnie les Trois Joyaux tout en faisant semblant de les fréquenter de près, qui ne profère que de creux discours et se plaît à jouer les intermédiaires entre les adeptes laïcs hommes et femmes pour qu'ils se couvrent des chaînes de la luxure, qui, par ailleurs, lors des six jours jeûnés du mois[2] ou à l'occasion des trois longues retraites annuelles[3], tue des êtres vivants, vole, rompt le jeûne et viole les préceptes, celui-là se rend coupable d'une faute qui le souille.

Il faut préserver ces préceptes en les étudiant avec vénération, comme il est expliqué au chapitre des « Défenses et restrictions ».

---

1. Les sept premiers bouddhas de la présente Bonne Ère : 1. Vipashyin, 2. Shikhin, 3. Vishvabhû, 4. Krakucchanda, 5. Kanakamuni, 6. Kâshyapa, et 7. Shâkyamuni.

2. Les « six jours jeûnés du mois » sont le 8e, le 14e et le 15e jours de chaque demi-lune. Ces jours-là, explique Tàixián (p. 713c), les revenants et les esprits sont plus aptes à s'en prendre aux êtres humains et pour se protéger d'eux il n'est que de respecter plus encore les interdits.

3. Lesquelles commencent le 15e jour de la 1re, de la 5e et de la 9e lune.

31. L'enfant des bouddhas qui verra, dans un âge mauvais après l'ultime extinction du Bouddha, toutes sortes de non-bouddhistes malintentionnés piller et revendre des images et des statues des bouddhas et des bodhisattvas, qui sont comme ses parents, trafiquer les textes sacrés, faire commerce de moines et de nonnes, ou vendre des adeptes bodhisattvas qui cultivent l'esprit d'Éveil ; ou encore s'il voit un fonctionnaire ou un mandarin forcer quiconque à devenir son esclave – bref, dans ce genre de situation, le bodhisattva trouvera les moyens les plus habiles pour, par bienveillance, porter secours et aider les victimes en essayant d'instruire et de convertir ceux qui les ont volés ou asservis. Ainsi rachètera-t-il les images et les statues des bouddhas et des bodhisattvas, et il fera de même avec les moines, les nonnes, les bodhisattvas qui cultivent l'esprit d'Éveil et tous les textes sacrés. S'il ne procède pas à ce rachat, il se rend coupable d'une faute qui le souille.

32. L'enfant des bouddhas ne stockera pas d'épées, de gourdins, d'arcs et de flèches. Il ne vendra rien en utilisant des poids et des mesures truqués. Il ne prétextera pas sa position de fonctionnaire pour s'emparer des biens des autres, les emprisonner pour leur faire du mal, les ruiner ou les astreindre à diverses corvées. Et il évitera d'élever des chats, des nyctéreutes, des cochons et des chiens[1]. S'il fait l'une de ces choses de propos délibéré, il se rend coupable d'une faute qui le souille.

33. L'enfant des bouddhas ne doit pas se repaître du spectacle d'un homme et d'une femme qui se disputent sans leur vouloir le plus grand bien ; il ne peut pas non plus regarder les actes de violence de la guerre, des soldats et des autres pillards. Il n'écoutera pas la musique des conques, des cornes, des luths, des cithares et des flûtes, ni les chansons des courtisanes. Il ne

---

1. Le commerce de ces quatre animaux était déjà juteux dans la Chine ancienne. Le nyctéreute ou « chien viverrin » est un petit carnassier de l'Asie orientale ; appelé *tanuki* en japonais, il n'est pas sans évoquer le blaireau.

jouera à aucun jeu de hasard, ni aux dés, ni au go, ni à la guerre des éléphants, ni aux échecs, au double-six, à la balle, ni aux cailloux dans la jarre. Il ne lira pas l'avenir à la croisée de huit chemins, ni dans le miroir de ses ongles, ni avec des baguettes d'achillée, des branches de saule, des bols magiques ou des têtes de mort. Et jamais il ne servira de messager aux brigands et aux voleurs. Qu'il prenne garde à ne commettre aucun de ces actes, autrement il se rend coupable d'une faute qui le souille.

34. L'enfant des bouddhas qui observe les préceptes et respecte les interdits, qui, lorsqu'il marche ou s'arrête, s'assied ou se couche, aux six veilles du jour et de la nuit, lit et récite ces préceptes avec la solidité du diamant comme s'ils étaient une bouée pour traverser l'océan, et qui, en plus d'imiter le moine aux Liens de Joncs[1], cultive constamment la foi parfaite dans le Grand Véhicule, qui sait qu'il est un bouddha encore inaccompli et que les bouddhas sont, eux, accomplis, eh bien, si ce bodhisattva cultive l'esprit d'Éveil, il devra le retenir dans chacune de ses pensées car si, le temps d'une seule pensée, il voit les choses comme un non-bouddhiste ou un adepte des deux véhicules inférieurs, il se rend coupable d'une faute qui le souille.

35. L'enfant des bouddhas doit constamment former tous les bons vœux possibles : le vœu de rester pieux et soumis à l'endroit de ses parents, de ses maîtres et des Trois Joyaux ; le vœu

---

1. On raconte l'histoire d'un moine que des voleurs avaient dépouillé de ses robes et abandonné tout nu dans l'herbe non sans l'avoir ligoté avec des brins de jonc. Le lendemain, le roi qui chassait dans les parages découvrit l'homme et s'exclama : « Que fait là ce païen ? – Ce n'est pas un païen », lui fit-on remarquer. « Comment le savez-vous ? – Il a l'épaule droite toute noire. » En effet, les moines bouddhistes ont toujours l'épaule droite découverte. Le roi s'adressa au moine allongé par terre : « Seriez-vous si faible que vous n'avez pu vous défaire de ces liens de jonc ? – Non pas, répondit le moine : je n'ai fait que respecter les préceptes de notre maître le Bouddha qui nous enjoint de ne pas faire de mal aux plantes si c'est inutile. » D'après Tàixián, p. 714b.

d'avoir de bons maîtres, de bons condisciples et de bons amis spirituels ; le vœu qu'ils lui enseignent constamment les soûtras et la Discipline du Grand Véhicule afin de s'ouvrir au sens des dix décisions, des dix consciences nourricières, des dix consciences de diamant et des dix terres, et les pratiquer selon les enseignements en respectant fermement les préceptes des bouddhas. Comparé à ce bodhisattva qui préférerait mourir que d'oublier les préceptes un seul instant, tout bodhisattva qui ne forme pas ce genre de vœux se rend coupable d'une faute qui le souille.

36. L'enfant des bouddhas qui a formé les dix grandes prières d'aspiration formera ces autres vœux en respectant les préceptes et les interdits des bouddhas :

(1) Plutôt me jeter d'une montagne de lames dans un abîme où flamboie un feu violent que de pécher contre les soûtras et la Discipline des bouddhas des trois temps en m'adonnant à l'impureté avec n'importe quel individu !

(2) Plutôt être emmaillotté dans mille épaisseurs de grillage en fer brûlant que d'accepter le moindre vêtement d'un donateur plein de foi alors que j'ai transgressé les préceptes avec mon corps !

(3) Plutôt avaler avec cette bouche des billes de fer brûlant et de grands fleuves de feu ardent pendant cent mille ères cosmiques que de goûter les cent saveurs qu'un donateur plein de foi m'aurait offertes alors que j'ai rompu mes vœux avec ma parole !

(4) Plutôt m'étendre sur un sol de fer brûlant couvert d'un grand grillage de flammes ardentes que d'accepter pour mon corps qui aurait rompu ses vœux les cent manières de couches à moi offertes par un donateur plein de foi !

(5) Plutôt me faire percer par trois cents lames pendant une ou deux ères cosmiques que d'accepter, pour ce corps qui

aurait rompu les vœux, les médecines aux cent parfums à moi offertes par un donateur plein de foi!

(6) Plutôt me jeter dans des chaudrons de fer en ébullition pendant cent mille ères cosmiques que d'accepter, pour ce corps qui aurait rompu les vœux, les mille espèces de monastères, de pavillons, de parcs et de champs à moi offerts par un donateur plein de foi!

(7) Plutôt être réduit en atomes de la tête aux pieds à coups de marteau de fer que d'accepter les respectueuses prosternations d'un donateur plein de foi alors que j'ai rompu mes vœux!

(8) Plutôt me faire arracher cent mille fois les yeux avec des lames de fer que de regarder une belle personne si en esprit j'ai rompu mes vœux!

(9) Plutôt me faire crever cent mille fois les tympans avec des alênes de fer pendant une ou deux ères cosmiques que d'écouter une belle voix si en esprit j'ai rompu mes vœux!

(10) Plutôt me faire couper cent mille fois le nez au couteau que de renifler goulûment les parfums si en esprit j'ai rompu mes vœux!

(11) Plutôt me faire trancher cent mille fois la langue au couteau que de manger les pures nourritures aux cent saveurs qu'un autre a préparées pour moi si en esprit j'ai rompu mes vœux!

(12) Plutôt me faire décapiter avec une hache bien aiguisée que de rechercher les contacts agréables si en esprit j'ai rompu mes vœux!

(13) Puissent tous les êtres atteindre la parfaite bouddhéité!

L'enfant des bouddhas qui ne forme pas ce genre de vœux se rend coupable d'une faute qui le souille.

37. L'enfant des bouddhas pratiquera l'ascèse vigoureuse pendant deux saisons[1]. Il passera l'hiver et l'été en méditation assise, et c'est ainsi qu'il passera la retraite d'été. Ses possessions d'usage courant se limiteront à : une branche de saule, un racloir, la triple robe, un petit pot, un bol, un carreau pour s'asseoir, un bourdon, un brûle-parfums, une étamine, un mouchoir, un petit couteau, un briquet, une pince à épiler, un lit et une corde, des textes sacrés, des images des bouddhas et des bodhisattvas[2]. Le bodhisattva qui pratique l'ascèse vigoureuse ne se sépare jamais de ces dix-huit objets même s'il doit voyager sur cent et mille lieues. La première retraite commence le quinzième jour de la première lune et dure jusqu'au quinzième jour de la troisième lune ; la deuxième retraite commence le quinzième jour de la huitième lune et s'achève le quinzième jour de la dixième lune. Pendant tout ce temps, le bodhisattva ne se séparera pas de ces dix-huit objets, de même que l'oiseau ne se sépare pas de ses ailes.

Les jours de *poshadha*, toutes les deux semaines, c'est un bodhisattva néophyte qui récitera les dix fautes extrêmement graves et les quarante-huit souillures devant les images et les statues des bouddhas et des bodhisattvas. S'il n'y a qu'une personne à ce *poshadha*, elle récitera les préceptes toute seule ; et

---

1. L'«ascèse vigoureuse» (ssk *dhûta*, chn *dôusôu*) fait l'objet du chapitre II du *Visuddhimagga*. *Cf.* Buddhaghosa, p. 85-109, «Les moyens rigoureux». Elle consiste à «secouer énergiquement» (*dôusôu*) les émotions négatives et les habitudes en réduisant au minimum les nécessités quotidiennes pour ce qui concerne la nourriture, le vêtement et le logement.

1. La branche de saule que l'on mâchonne le matin pour se rafraîchir et se parfumer la bouche. Le racloir pour se décrasser la peau. La triple robe : le «pagne» (ssk *antaravâsaka*, chn *antuóhui*), la «toge» (*uttarâsanga*, *yùduoluóseng*) et la «cape» (*sanghâtî*, *sengjiâlî*). Le petit pot pour les petites ablutions. Le bol (*pâttra*, *bo[duoluó]*) où recevoir l'aumône. Le «carreau», tapis pour adoucir le contact prolongé avec le sol. Le bourdon pour arrêter les bêtes à venin. Le brûle-parfums pour faire des offrandes aux bouddhas. L'étamine pour épargner les insectes. Le mouchoir pour s'essuyer les mains. Le petit couteau pour se couper les ongles. Un briquet pour faire du feu. Une pince à épiler pour extraire les épines. Un lit et une corde pour se reposer. Des textes pour atteindre la réalisation et des images pour aviver la foi.

s'il y en a deux, trois, cent ou mille, le récitant sera seul. Il prendra la place la plus élevée et ceux qui l'écoutent s'assiéront plus bas. Chacun aura revêtu les habits en neuf, sept et cinq pièces rapportées[1]. Puis l'on procédera à la retraite d'été selon les enseignements.

Si vous pratiquez l'ascèse vigoureuse, ne recherchez pas les endroits difficiles. Évitez les pays dangereux et les mauvais rois, les lieux trop élevés, ou pas assez, ainsi que les taillis profonds, les lions, les tigres et les loups, l'eau, le feu, le vent, et méfiez-vous des voleurs de grands chemins sans oublier les serpents venimeux! Ne vous aventurez dans aucun endroit dangereux. Donc, pour les pratiques de l'ascèse vigoureuse comme pour la retraite d'été, il ne faut pas se retirer dans des lieux présentant ces dangers. Le bodhisattva qui le fait de propos délibéré se rend coupable d'une faute qui le souille.

38. L'enfant des bouddhas s'assiéra dans le temple à la place que le Dharma lui assigne. Celui qui a reçu les préceptes en premier s'assiéra devant et celui qui les a reçus après s'assiéra derrière. Peu importe qu'il s'agisse de jeunes ou de vieux, de moines ou de nonnes, de nobles, de rois ou de princes, voire d'eunuques ou d'esclaves : ceux et celles qui ont reçu les vœux en premier ont droit aux premières places, et les autres aux places suivantes. Ne faites pas comme ces idiots des voies extérieures qui ignorent même la préséance entre les jeunes et les vieux! S'asseoir sans respecter le bon ordre, voilà bien des manières de soldats ou d'esclaves! D'après nos enseignements bouddhiques, aux anciens reviennent les premières places et aux autres les suivantes. Le bodhisattva qui ne s'assied pas à la bonne place se rend coupable d'une faute qui le souille.

---

1. Autrement dit la cape, la toge et le pagne ici désignés par le nombre de pièces de tissu cousues ensemble qui les composent.

39. L'enfant des bouddhas doit instruire et transformer tous les êtres. Il doit construire des monastères et des parcs dans les montagnes et la forêt ; il doit ériger des stoûpas en l'honneur des bouddhas, et des lieux où méditer assis pendant les retraites d'été et d'hiver : autant d'endroits où pratiquer la voie. Par ailleurs, le bodhisattva est tenu d'expliquer les soûtras et la Discipline du Grand Véhicule à tous les êtres. En cas de maladie grave, si le pays est en danger, si le banditisme fait des ravages, ou encore si son père vient à mourir, ou bien sa mère, l'un de ses frères, son maître de discipline ou le maître de cérémonie, il récitera les soûtras et la Discipline du Grand Véhicule et les expliquera. Lors des assemblées de jeûne, quand les mérites de la pratique sont dédiés à la restauration de la vie, ou encore quand tout a été incendié ou inondé, quand la tempête a coulé un navire, quand les monstres menacent les fleuves et la mer, il faut réciter ce texte sacré et en expliquer le sens. De même, contre la rétribution des fautes sous n'importe quelle forme, les rétributions passées, présentes et à venir, les sept contraires et les huit difficultés, pour ceux dont les poignets sont pris dans des fers, les jarrets dans des entraves, le cou dans une cangue et la taille dans une chaîne cadenassée, pour ceux que la luxure, la colère ou l'ignorance obsèdent, et pour tous les malades, le bodhisattva récitera les soûtras et la Discipline. En ne procédant pas de la sorte, le bodhisattva néophyte se rend coupable d'une faute qui le souille.

Préservez ces neuf préceptes avec vénération pendant que vous les étudierez au chapitre de « L'autel de Brahmâ ».

40. L'enfant des bouddhas qui transmet les préceptes ne fera pas la différence entre les rois, les princes, les ministres, les fonctionnaires, les moines et les nonnes, les bons pratiquants hommes et femmes, les débauchés et les courtisanes, les dieux des dix-huit cieux de Brahmâ, les dieux des six cieux du Désir, les êtres asexués, les hermaphrodites, les eunuques et les

esclaves, de même que les divinités mineures et les esprits : chacun de ces êtres est admis à recevoir les préceptes. Le bodhisattva leur expliquera que les vêtements qu'ils porteront doivent venir de rebuts pour rester dans l'esprit de la voie. Ils pourront les teindre en bleu, en jaune, en rouge, en noir ou en violet ; le nécessaire de couchage viendra de rebuts lui aussi. La couleur dont ils auront choisi de se vêtir, s'ils sont religieux, se distinguera de la couleur des vêtements que les gens portent couramment dans le pays où ils se trouveront.

À celui ou celle qui lui demandera de lui transmettre les préceptes, le maître demandera : « Avez-vous dans cette vie commis l'un ou plusieurs des sept crimes appelés *contraires* ? » Car le maître de Dharma bodhisattva ne peut pas transmettre les vœux à un homme qui a commis au moins l'un de ces sept crimes au cours de sa vie. Les sept contraires consistent donc à 1. faire couler le sang d'un bouddha ; 2. tuer son père ; 3. tuer sa mère ; 4. tuer un maître spirituel ; 5. tuer un cérémoniaire ; 6. pervertir les rituels ou tuer un moine qui fait tourner la roue des enseignements, et 7. tuer un être sublime[1]. Celui qui a complètement et effectivement commis l'un de ces sept crimes ne peut plus recevoir les préceptes de son vivant. Tous les autres êtres animés le peuvent.

Les religieux ne se prosterneront pas devant les rois ni devant leurs parents et ne devront aucune marque de politesse aux autres membres de leur famille, pas plus qu'ils ne feront d'offrandes aux divinités mineures et aux esprits. Il leur suffira de bien comprendre ce que leur maître de Dharma leur dit. En revanche, lorsqu'on a fait cent ou mille lieues pour lui demander un enseignement, si le bodhisattva maître de Dharma refuse, avec une mauvaise intention, de transmettre les préceptes à quelque être que ce soit, il se rend coupable d'une faute qui le souille.

---

1. Un arhat des auditeurs, un bouddha-par-soi ou un parfait bouddha.

41. L'enfant des bouddhas transforme les autres en les instruisant. Le bodhisattva tiendra lieu de maître à tout être qui a la foi et lui donnera toutes les instructions nécessaires. Si cet être veut recevoir les préceptes, le bodhisattva l'enverra faire sa requête au maître et au cérémoniaire. Les deux moines lui demanderont alors s'il a commis au moins l'un des sept crimes majeurs. Si c'est le cas dans cette vie, ils ne doivent pas lui transmettre les préceptes ; ceux qui n'ont commis aucun de ces sept crimes peuvent recevoir les préceptes. Le bodhisattva apprendra à ceux qui ont commis l'une ou plusieurs des dix fautes extrêmement graves à se repentir : devant les images et les statues des bouddhas et des bodhisattvas ils réciteront, aux six veilles du jour et de la nuit, le texte des dix fautes extrêmement graves et des quarante-huit souillures, jusqu'à ce qu'ils puissent rendre hommage aux Mille Bouddhas des trois temps en percevant leurs marques de beauté, ce qui pourra prendre une semaine, ou deux, ou trois, voire une année entière. Pour percevoir les marques de beauté des bouddhas, il faut que ceux-ci s'approchent et posent la main sur le haut de la tête du repentant qui alors voit des lumières, des motifs colorés et toutes sortes de choses exceptionnelles, tandis que ses fautes disparaissent[1]. Celui qui aura enfreint l'une ou plusieurs des quarante-huit souillures s'en repentira les mains jointes et cela le délivrera de sa faute — ce qui n'est pas le cas pour les sept crimes majeurs. Le maître instructeur expliquera en détail au néophyte chacune des quarante-huit règles de cet accès au réel parce qu'il est impossible de comprendre la vérité absolue si l'on ne comprend pas l'importance plus ou moins grande des règles particulières au Grand Véhicule. En effet, l'étude du

---

1. Ces « motifs colorés » (chn *guānghuá*) et autres « choses exceptionnelles » (*zhōngzhōng yìxiàng*) seraient de pures hallucinations s'il ne s'agissait *alors*, selon les enseignements les plus élevés du Grand Véhicule, des « ornements dont la sagesse se pare » (ssk *jñānâlamkâra*, chn *zhìhuì zhuāngyán*), manifestations de la claire lumière — la part « connaissante » de la vacuité —, dont la fonction purificatrice œuvre alors spontanément.

caractère séminal de ces règles, de leur essence nourricière, de leur incorruptibilité, de leur qualité de puissance d'Éveil et de leur véritable nature exige la maîtrise d'un grand nombre de pratiques contemplatives, lesquelles exigent à leur tour la maîtrise des dix étais de la concentration[1]. Or le bodhisattva qui n'a rien réalisé de ces enseignements mais agit par intérêt, pour être célèbre, ou par pure convoitise comme un de ces faux maîtres qui «cherchent si mal qu'ils doivent beaucoup chercher» – entre autres, des disciples –, bref, le bodhisattva qui fait semblant de comprendre les soûtras et la Discipline pour qu'on l'honore d'offrandes se trompe autant lui-même qu'il trompe les autres. Celui qui agit ainsi de propos délibéré se rend coupable d'une faute qui le souille.

42. L'enfant des bouddhas ne doit pas enseigner pour sa seule subsistance ces grands préceptes des Mille Bouddhas à des êtres qui n'ont pas reçu les vœux de bodhisattva, ni à des non-bouddhistes malintentionnés, ni devant des êtres aux vues perverses, sauf s'il s'agit de rois[2]. Cette engeance malévole qui ne respecte pas les préceptes des bouddhas mérite le nom de brutes. Ces êtres qui, de vie en vie, ignorent les Trois Joyaux manquent de conscience à l'instar du bois et des pierres ; ceux que j'appelle non-bouddhistes aux vues perverses ne diffèrent en rien des soliveaux. Le bodhisattva qui en leur présence enseigne les préceptes des Sept Bouddhas se rend coupable d'une faute qui le souille.

43. L'enfant des bouddhas qui, s'étant fait religieux parce qu'il avait la foi, a correctement reçu les préceptes des boud-

---

1. *Cf. sup.*, p. 37-38, n. 1.

2. Tàixián explique (p. 717ab) : « Sauf s'il s'agit de rois : les enseignements du Bouddha s'adressent à deux types de personnes : aux bouddhistes pour protéger l'intérieur et aux rois pour protéger l'extérieur. En effet, ces derniers ont le pouvoir de régler le comportement des hommes, et ils doivent avoir connaissance de ces préceptes. »

dhas mais transgresse leurs sublimes défenses de propos délibéré ne doit pas accepter les offrandes des donateurs. Il ne doit pas non plus parcourir le territoire du roi ni boire son eau. Cinq cents grands démons l'empêcheront constamment d'avancer en le traitant de profiteur. Quand il entrera dans un monastère, une maison ou un quartier de la ville, les démons effaceront la trace de ses pas. Tout le monde l'injuriera en le traitant de voleur caché dans le bouddhisme ; aucun être animé ne voudra poser les yeux sur lui. Celui qui viole les préceptes ne diffère en rien d'une brute ou d'un soliveau. Celui qui transgresse les préceptes parfaits se rend coupable d'une faute qui le souille.

44. L'enfant des bouddhas doit constamment, et de tout son esprit, recevoir les soûtras et la Discipline du Grand Véhicule, les préserver, les lire et les réciter. Sur le papier de sa peau, avec le pigment de son sang, le diluant de sa moelle épinière et le pinceau de ses os, il calligraphiera les préceptes des bouddhas. Sur des écorces, du papier frotté à la nacre, de la soie écrue ou des fiches de bambou il les recopiera pour mieux les retenir. Il utilisera toujours, pour y garder les textes des soûtras et de la Discipline, des coffres et des sacs faits des sept matières les plus précieuses, parfumés et ornés de tous les trésors les plus inestimables. Car le bodhisattva qui n'honore pas ces textes comme il se doit se rend coupable d'une faute qui le souille.

45. L'enfant des bouddhas cultivera constamment la grande compassion. Quand il entrera dans une ville ou une demeure, il s'exclamera toujours : « Vous tous, êtres animés, adoptez les trois refuges et les dix préceptes[1] ! » Aux animaux domestiques comme les bœufs, les cochons, les chevaux et les moutons il dira en le pensant vraiment : « Vous autres, animaux domestiques, cultivez donc l'esprit d'Éveil ! » Où qu'il aille par les montagnes et les forêts, les terres cultivées et les grandes

---

1. Les « trois refuges » sont les Trois Joyaux. Les dix préceptes, *cf. sup.*, p. 81, n. 2.

friches, il fera cultiver l'esprit d'Éveil à tous les êtres animés. Si le bodhisattva n'instruit et ne transforme pas tous les êtres, il se rend coupable d'une faute qui le souille.

46. L'enfant des bouddhas est constamment occupé à instruire et transformer les êtres parce qu'il n'a que grande compassion au cœur. S'il y a foule dans la demeure d'un précieux donateur, il n'enseignera pas le Dharma debout à des laïcs. Il prendra place sur un siège élevé en face de l'assemblée des laïcs. Les moines maîtres des enseignements n'enseigneront pas le Dharma aux quatre assemblées[1] en se tenant debout sur le sol nu. Pour tout enseignement, le maître assis sur un siège élevé reçoit des offrandes de fleurs et d'encens, tandis que les quatre assemblées se tiennent assises plus bas. Il faut respectueusement obéir au maître qui enseigne, avec la même piété et la même soumission qu'envers ses parents, et avec la même attention que le brahmane en charge du feu. Le bodhisattva qui n'enseigne pas le Dharma de cette façon se rend coupable d'une faute qui le souille.

47. L'enfant des bouddhas qui a reçu, plein de foi, les préceptes des bouddhas mais, sous le prétexte de connaître des souverains, des princes, des fonctionnaires, ou d'avoir des disciples des quatre ordres[2], pervertit les soûtras et la Discipline enseignés par les bouddhas en édictant des règles profanes et religieuses à l'usage de ses disciples : en ne leur permettant pas d'embrasser la vie religieuse, en leur interdisant de réaliser des images et des statues, d'ériger des stoûpas, ou de recopier les soûtras et la Discipline. Celui-là pèche en faisant périr les Trois Joyaux : le bodhisattva qui s'oppose délibérément au Dharma se rend coupable d'une faute qui le souille.

---

1. Les moines, les nonnes et les novices hommes et femmes.
2. Des disciples qui appartiennent aux quatre assemblées.

48. L'enfant des bouddhas qui a volontairement embrassé la vie religieuse et enseigne les préceptes des Sept Bouddhas au souverain du royaume et aux grands fonctionnaires pour la gloire ou toute autre raison personnelle n'apporte que contraintes et soucis aux moines, aux nonnes, aux bodhisattvas et aux autres adeptes : il est comme ces petits vers qui seuls osent dévorer de l'intérieur le cadavre du lion, car aucun non-bouddhiste, aucun dieu ni aucun démon ne peut détruire le bouddhisme de l'extérieur[1]. Celui qui a reçu les préceptes des bouddhas doit les protéger comme s'il s'agissait de son unique enfant et en prendre soin comme de ses propres parents. De ce fait, quand le bodhisattva entend un non-bouddhiste malintentionné critiquer méchamment les préceptes des bouddhas, c'est comme si trois cents lames lui crevaient le cœur, comme s'il recevait mille coups de couteau ou dix mille coups de bâton. Il préférerait passer cent ères cosmiques dans les enfers que d'entendre une seule injure contre les préceptes des bouddhas. Comment alors imaginer qu'il viole, lui-même, ces préceptes, ou encore qu'il pousse les autres à le faire sans la moindre piété ni la moindre soumission ? Celui qui agit ainsi de propos délibéré se rend coupable d'une faute qui le souille.

Préservez ces neuf préceptes avec vénération tandis que vous les étudierez !

Enfants des bouddhas, recevez ces quarante-huit préceptes secondaires et préservez-les ! Les bodhisattvas du passé les ont récités, les bodhisattvas du futur les réciteront et les bodhisattvas

---

1. *Soûtra de Face de Lotus* (*Liánhuámiàn jing*) : « Le Bouddha dit à Ânanda : "Il en va comme avec les lions. Quand le lion est mort, aucun animal qui vit dans l'air, dans la terre, dans l'eau ou à la surface de la terre n'ose dévorer sa chair sinon les petits vers que le lion nourrissait avec son corps. Ânanda, nul ne peut détruire mon Dharma bouddhique sinon les moines au sein de mon Dharma : eux seuls pourront détruire les qualités bouddhiques que j'ai accumulées à grand-peine pendant trois grandes ères cosmiques démesurées." » Cité par Tàixián, p. 718a.

du présent les récitent. Enfants des bouddhas, écoutez-moi avec attention! Les bouddhas des trois temps ont récité les dix préceptes principaux et les quarante-huit préceptes secondaires, ils les réciteront et les récitent. Moi-même, je viens de les réciter en ce jour. Et vous, grande assemblée de rois, de princes, de hauts fonctionnaires, de moines et de nonnes, de croyants et de croyantes qui avez reçu les préceptes des bodhisattvas et les préservez, vous devez recevoir, préserver, lire, réciter, comprendre, enseigner, recopier et calligraphier ce texte qui contient les préceptes de la nature de bouddha éternellement présente, le propager et le rendre accessible à tous les êtres passés, présents et à venir pour les transformer sans interruption. Alors les Mille Bouddhas vous apparaîtront et chacun vous tendra la main pour vous bénir. Vous ne retomberez plus, de vie en vie, dans les destinées inférieures ni dans aucune des huit difficultés; vous renaîtrez toujours dans le monde humain ou chez les dieux. Vous devriez étudier de tout votre cœur les méthodes de libération spéciale que représentent les préceptes des Sept Bouddhas que je viens de vous expliquer succinctement sous cet arbre. Pratiquez-les dans la joie et la vénération ainsi que chaque précepte est expliqué par le détail dans la section des exhortations du chapitre du «Roi des Cieux Invisibles».

Alors les apprentis bodhisattvas qui siégeaient dans les assemblées de chaque milliard de mondes reçurent les préceptes que le Bouddha avait récités en les portant de tout cœur au sommet de leur tête et en sautant de joie.

Quand le bouddha Shâkyamuni eut fini d'enseigner les dix préceptes inépuisables qui font partie du chapitre de «L'accès au réel par les terres de l'esprit» prononcé par le bouddha Vairochana dans le monde Trésor de la Terrasse du Lotus, les cent milliards de Shâkyamunis en eurent fini aussi. Depuis qu'il avait quitté le palais de Maheshvara, le roi des dieux, et s'était arrêté sous cet arbre pour enseigner, chacun de ces bouddhas avait, à une assemblée de bodhisattvas ineffablement vaste, transmis ces préceptes pour qu'ils soient préservés ; il les avait lus et récités, et il en avait dûment expliqué le sens.

Dans cent milliards d'univers et dans l'univers Trésor de la Terrasse du Lotus, dans des univers aussi nombreux que les atomes qui forment tous ces univers, le trésor de l'esprit de tous les bouddhas, le trésor des terres, le trésor des préceptes, le trésor des pratiques et des aspirations démesurées, le trésor éternellement présent de la nature de bouddha en tant que cause et effet, l'immensurable trésor de tous les enseignements prononcés par les bouddhas en ainsité – tous ces trésors furent entièrement visités. Tous les êtres de cent milliards d'univers les reçurent pour les préserver et en user avec joie et vénération. Pour connaître le détail des terres de l'esprit, on se référera au chapitre du «Roi des Ornements de Lumière des Bouddhas».

L'homme éclairé, fort par la patience et l'intelligence,
Qui peut préserver des réalités de ce genre
En tirera aisément cinq types de bienfaits
Avant même d'atteindre l'Éveil des bouddhas.

Un : les bouddhas de tous les espaces
Auront pitié de lui et constamment le protégeront.
Deux : à l'instant de son dernier souffle,
Sa vision juste des choses lui garantira la joie.

Trois : de naissance en naissance
Il n'aura d'autres amis que des bodhisattvas.
Quatre : la discipline transcendante
Lui permettra d'accumuler tous les mérites.

Cinq : naturellement discipliné pendant cette vie et toutes
    les suivantes,
Il parfera les accumulations de mérites et de sagesse.

Voilà cinq points bénis par les bouddhas
Que le sage devrait dûment considérer.

Celui qui accepte les caractéristiques de la croyance au moi
Ne peut pas avoir foi dans ces réalités ;
Celui qui consomme la réalisation dans l'extinction
    complète
N'est pas non plus un bon sol pour ce genre de graine.

Si vous voulez que les pousses de l'Éveil grandissent
Au point que leur éclat illumine le monde,
Apprenez à secrètement examiner
L'apparence réelle de toutes choses.

Elle ne naît pas et ne cesse pas ;
Elle n'est pas éternelle ni ne s'anéantit ;
Elle n'est pas une ni multiple ;
Elle ne va ni ne vient ;

Dans l'esprit un de l'apparence réelle
Les méthodes habiles avec ardeur déploient les ornements :
Le bodhisattva étudiera ce qu'il doit
Successivement réaliser.

Apprenti ou non, ne produisez pas
D'idées fictives : voilà
La « Voie absolue »
Ou le « Grand Véhicule ».

De là où s'éteignent toutes
Les proliférations du jugement
Jaillit l'omniscience
Des bouddhas.

Enfants des bouddhas,
Ayez le courage suprême
De protéger comme la Perle magique
Les préceptes purs de la bouddhéité.

Les bodhisattvas du passé
S'y sont exercés,
Ceux du futur s'y exerceront
Et ceux du présent s'y exercent.

Ces points bénis par les bouddhas
Emportent l'enthousiasme des êtres les plus sublimes.
Je les ai enseignés comme je les ai suivis
En accumulant d'innombrables mérites.

Ces mérites, je les dédie à tous les êtres
Pour que nous atteignions l'omniscience tous ensemble.
Que ceux qui ont entendu cet enseignement
Réalisent bientôt l'Éveil des bouddhas !

Ici s'achève le dixième chapitre du « Soûtra du Filet de Brahmâ », dans lequel le bouddha Vairochana enseigne les préceptes des terres de l'esprit des bodhisattvas.

Arya Maitreya, Jamgön Kongtrül & Khenpo Tsultrim Gyamtso, *Buddha Nature, The Mahayana Uttaratantra Shastra with Commentary*, Ithaca, New York, Snow Lion Publications, 2000.

Bloch J., Filliozat J. et Renou L., *Canon bouddhique pâli (Tipitaka)*, texte et traduction, Suttapitaka Dîghanikâya, *Brahmajâla*, « Le Filet de Brahman », Paris, Adrien Maisonneuve, « Office de la recherche scientifique outre-mer », tome 1, fasc. I, 1949, p. 1-40.

Bouddha, *Fànwângjing*, traduction chinoise du *Soûtra du Filet de Brahmâ* (*Brahmâjâla-sûtra*), par Kumârajîva (402) en deux rouleaux : T 1484, vol. 24, p. 997-1010.

—, *Soûtra du Diamant et autres soûtras de la Voie médiane*, traductions du tibétain par P. Cornu, du chinois et du sanskrit par P. Carré, Paris, Fayard, « Trésors du bouddhisme », 2001.

—, *Soûtra des Dix Terres*, traduit du chinois et présenté par P. Carré, Paris, Fayard, « Trésors du bouddhisme », 2004.

Buddhaghosa, *Visuddhimagga, Le Chemin de la Pureté*, traduit du magadhi (pali) par Christian Maës, Paris, Fayard, « Trésors du bouddhisme », 2002.

Chenique François (trad.), *Le Message du futur bouddha, ou la Lignée spirituelle des Trois Joyaux, Ratnagotravibhâga, Mahâyânottaratantra-shâstra*, Paris, Éditions Dervy, 2001.

Ch'en Kenneth, *Buddhism in China, A Historical Survey*, Princeton, Princeton University Press, 1972.

Dàzàngjing (T), « Canon bouddhiste chinois », reproduction de l'édition japonaise originale de l'ère Taishô (1931), Taibei, Xinwenfeng chubanshe, 1975, cent volumes.

De Groot J. M., *Le code du Mahâyâna en Chine : Son influence sur la vie monacale et sur le monde laïque*, Amsterdam, 1893.

Ding Fubao, *Fóxué dà cídiân* (« Grand dictionnaire du bouddhisme »), Pékin, Wenwu chubanshe, 1984.

Fahai, *Le Soûtra de l'Estrade du Sixième Patriarche Houei-neng*, traduit du chinois et commenté par P. Carré, Paris, Seuil, « Points Sagesses », 1995.

Faure Bernard, *Sexualités bouddhiques*, Aix-en-Provence, Le Mail, 1994.

Fâzàng, *Fànwângjing pûsàjiè bênshu*, commentaire huáyán du *Filet* en six rouleaux : T 1813, vol. 40, p. 602.

Gampopa Seunam Rinchen, *Le Précieux Ornement de la Libération*, traduit du tibétain par C. Bruyat et le Comité de Traduction Padmâkara, 24290 Saint-Léon-sur-Vézère, Éditions Padmâkara, 1999.

Gyôzen, *Fànwângjing bênshu Rìzhu chao*, « Perles-Soleils », encyclopédie du commentaire de Fâzàng en cinquante rouleaux : T 2247, vol. 62, p. 4-263.

Kûkai (Kôbô Daishi), *Fànwângjing kaití*, commentaire ésotérique du titre sanskrit du *Filet*, *Brahmâjâla* : T 2246, vol. 62, p. 1-4.

Míngkuàng, *Tiantái Pûsàjiè shu*, commentaire tiantái du *Filet* en trois rouleaux : T 1812, vol. 40, p. 580.

Patrul Rinpoché, *Le Chemin de la Grande Perfection*, traduit du tibétain par le Comité de Traduction Padmâkara, 24290 Saint-Léon-sur-Vézère, Éditions Padmâkara, 2e éd., 1997.

Pettazzoni Raffaele, *La Confession des Péchés*, Paris, Ernest Leroux, tome II, 1932.

Sengzhao, *Introduction aux pratiques de la non-dualité, Commentaire du 'Soûtra de la Liberté inconcevable'*, traduit du chinois par P. Carré, Paris, Fayard, « Trésors du bouddhisme », 2004.

Soothill W. E. et Hodous L., *A Dictionary of Chinese Buddhist Terms*, Taipei, Ch'eng-wen Publishing Company, 1968.

Suzuki D. T., *Essais sur le bouddhisme zen*, Paris, Albin Michel, « Spiritualités vivantes », 3 vol., 1972.

Tàixián, *Fànwângjing gûshujì*, commentaire huáyán du *Filet* en trois rouleaux : T 1815, vol. 40, p. 689-719.

Wieger Léon, *Vinaya, monachisme et discipline, Hînayâna, véhicule inférieur*, Paris, Cathasia, Série culturelle des hautes études de Tientsin, « Les Humanités d'Orient, bouddhisme chinois », 1951.

Yìjí, *Pûsàjiè bên shu*, commentaire huáyán du *Filet* en trois rouleaux : T 1814, vol. 40, p. 656.

Zhìyi et Guandîng, *Pûsàjiè yìshu*, commentaire tiantái du *Filet* en deux rouleaux : T 1811, vol. 40, p. 563.

Ouvrage composé en Bembo
par Dominique Guillaumin, Paris